国家自然科学基金资助项目（51675464）
燕山大学博士基金资助项目（B1008 & BS17001）

燕山大学创新设计理论系列丛书

轮毂设计技术美学基础

孙利 吴俭涛 陈永亮 著

燕山大学出版社
·秦皇岛·

图书在版编目（CIP）数据

轮毂设计技术美学基础 / 孙利，吴俭涛，陈永亮著．—2 版．—秦皇岛：燕山大学出版社，2022.1

ISBN 978-7-5761-0292-5

Ⅰ．①轮… Ⅱ．①孙… ②吴… ③陈… Ⅲ．①汽车－轮毂－设计－技术美学－研究 Ⅳ．①U463.343

中国版本图书馆 CIP 数据核字（2022）第 000887 号

轮毂设计技术美学基础

孙　利 吴俭涛 陈永亮 著

出 版 人：陈　玉
责任编辑：朱红波
封面设计：刘维尚
出版发行：燕山大学出版社 YANSHAN UNIVERSITY PRESS
地　　址：河北省秦皇岛市河北大街西段 438 号
邮政编码：066004
电　　话：0335-8387555
印　　刷：英格拉姆印刷(固安)有限公司
经　　销：全国新华书店

开　　本：700mm×1000mm　1/16　　印　　张：12.75　　字　　数：188 千字
版　　次：2022 年 1 月第 1 版　　印　　次：2022 年 1 月第 1 次印刷
书　　号：ISBN 978-7-5761-0292-5
定　　价：48.00 元

艺术与技术的新统一

——机械产品的新生与新颜

如果说20世纪初设计师们所追求和创造的是新的艺术与新的风格，那么21世纪初设计师们的追求则更多地在于设计理念、设计手段和设计技术上的变革和创新。设计关注于由工业化所衍生的工具、组织和逻辑创造出来的产品、服务和系统。

21世纪的设计教育也在发生着极大的改变。学科间的交叉与融合正成为一种潮流。设计学院、商学院和工学院的界限变得模糊了，综合性设计教育的时代已经来临。

在以大数据、云计算、物联网等为关键词的全球互联背景下，各行业对设计的需求和设计在整个市场中的角色也发生着微妙的变化。设计身份的转变使得设计技术与设计艺术的关系问题，重新成为一个值得关注和再思索的问题。尤其在我们学习科学发展观，指导我们在探索全球经济一体化语境下，把改革开放引向新阶段，实现我国从“加工制造型”转变为“设计创新型”“资源节约型”“环境友好型”的可持续发展的和谐社会，对设计基础问题进行重新梳理和再认识，显得尤为重要。

《轮毂设计技术美学基础》一书即是在探索大数据时代设计创新的新路，而且作者也在探索符合设计师认知习惯的设计创新理论、过程与方法。

我国先秦的《考工记》、宋应星的《天工开物》、李诫的《营造法式》等历史文献构成了中国古代技术美学思想的主要观点，但更多的是停留在形而上的抽象理论研究层次。国外工业美学、技术美学研究的兴盛期主要在20世纪初到六七十年代，我国当代技术美学研究则始于20世纪八九十年代，比如张相轮与凌继尧的《科学技术之光（科技美学概论）》、徐恒醇的《技术美学原理》和《技术美学》、南开大学出版社1986年版的《技术美学与工业设计》、张博颖的《中国古代技术美学思想三题议》和《中国古代技术美的创造及其观念的发展》等著说，在借鉴、吸收国外研究成果的基础上，努力探索当代技术美学的理论内容和体系。

技术美学自产生、发展到应用，经历了早期强调产品的功能、结构、材料和工艺等技术上的机械特性，发展至后期注重人性化、感官的形态，到现在强调功能与形式、技术与艺术、物质与精神的和谐统一。

当代技术美学作为一门应用学科应具有强烈的实践性和可操作性，它不仅为最佳而合理的设计观提供思想基础，也为设计活动提供理论指导。当代技术美学研究不应只是告诉人们什么是技术美，更重要的是使人们懂得怎样才能创造和实现技术美。其本质是在产品创新设计过程中追求艺术与技术的新统一，赋予机械产品以新生和新颜。

作为重要零部件之一，汽车轮毂及其造型是提升整车造型的点睛之笔，是汽车造型设计中一个不可遗漏的重点。在生产实践中，轮毂不仅要满足承重、通风(制动器散热)等功能需要，还要追求“轻量化”和“高强度”的性能，更要满足消费者越来越高的个性化审美需求，其设计应在美学与工程方面做到臻于极致的双重考量，需要造型设计师和技术工程师密切配合，协同完成任务。如何实现二者之间的最佳平衡，这正是《轮毂设计技术美学基础》一书的重要研究目标和初心。

预祝《轮毂设计技术美学基础》一书的出版，为设计师和工程师进一步融合，为技术型设计师培养提供新的助力。坚持用灵魂深处的责任、热情，以崭新的平台，构筑中国的工业设计观念、理论、机制，以“产业创新”的分享型服务生态系统的净化、凝练，升华中国工业设计之路，以助力中华民族伟大复兴的梦想。

何人可

2019年7月

（何人可，现任湖南大学设计艺术学院院长、博士生导师，教育部高等学校工业设计专业教学指导分委员会主任委员）

目　　录

第1章　轮毂设计中的技术美学问题

自动驾驶、先进机器人、人工智能等技术正在融入人们的生活，汽车轮毂作为重要的零部件之一，在未来智慧出行方面的作用越来越不可替代。自动化、共享化、智能化成了轮毂制造业的新常态。

汽车产业的新变革正悄然走来，而中国轮毂制造行业在设计制造中的劣势也日益凸显。轮毂设计制造仍需追求高生产效率、低资源消耗，不断从生产型转向智能制造行列。而轮毂智能制造要充分认识到技术与美学的结合问题，既要符合造型美学规律，同时还要满足可生产制造性[1]，从而实现轮毂设计从创意到可制造的新春天。

1.1 轮毂设计与制造

进入21世纪，我国已成为世界铝合金轮毂生产大国。而随着我国汽车工业的蓬勃发展，消费者对轮毂的审美、功能、轻量化等诉求日益凸显，也对新形势下的轮毂设计与制造提出了更高的要求。

迈克尔 E. 麦格拉思在《产品及周期优化法在产品开发中的应用》一书中提出，“一个以‘研发生产率’为核心的产品开发新时代已经来临”，研发生产率时代将引发基于开发生产率的竞争[2]。对于轮毂制造企业来说，如何高效产出既符合消费者审美需求，又符合制造工艺要求的产品，成为企业能否得以长远生存的关键所在。

轮毂，又称“车轮”，车轮的发明及发展历史可以大体分为三个阶段：

第一阶段：公元前4000年到公元前3200年，从古埃及陶轮到美索不达米亚地区战车车轮的发展过程，此时期的车轮盘面没有轮辐和轮辋，只是车轮的早期雏形（如图1-1所示），用以运输或战争之用[3]（如图1-2所示）。

图1-1 原始车轮雏形

图1-2 早期车轮在战车上的应用

第二阶段：公元前1300年到19世纪中期，此时的车轮已从木质材料转向铁质材料，同时出现了辐条及轮辋结构（如图1-3所示），并配以橡胶空气轮胎（如图1-4所示），用以减轻车辆的剧烈颠簸。

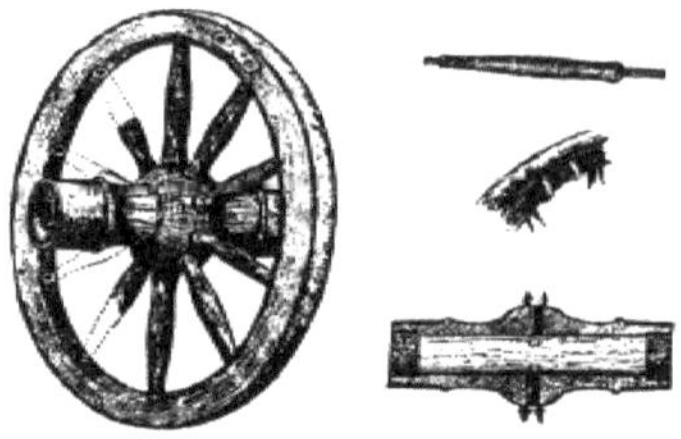

图1-3 中世纪早期的车轮及结构

图1-4 铁丝轮辐车轮

第三阶段：19世纪后期至今，19世纪末橡胶空心轮胎的发明和20世纪初铸造工艺的发展，新技术、新工艺和新材料不断被应用，铝合金、镁合金、钛合金以至于碳纤维轮毂相继出现，轮毂性能越来越好，重量越来越轻，结构形式、造型款式丰富多彩（如图1-5所示）。

（a）钢制轮毂　　（b）合金轮毂　　（c）碳纤维轮毂

图1-5 现代汽车轮毂

随着生产力和技术水平的提高，因铝合金轮毂具有优越的力学性能、质量轻和造型美观三大主要优点，消费需求量持续增长，对于审美、制造工艺的要求也在大幅攀升。

轮毂的生产工艺最大限度地确定了产品造型、结构特性以及可轻量化的程度，如锻造、HLT旋压工艺生产的铝合金轮毂比同尺寸的低压铸造轮毂轻3～4 kg；与此同时由于锻造成型后，其分子结构变得非常紧密，强度是一般铸造铝轮毂的3倍，所以可以承受较高的压力；因锻造轮的力学性能优异，加工精度高，所以在轮毂的造型上设计的自由度高，轮辐可以有更多的创意，再加之烤漆、电镀等表面处理工艺，提高了汽车高贵的价值感与美感气氛，受到越来越多的消费者青睐。

在传统轮毂研发过程中，设计师根据设计目标完成正面造型设计并输出给轮毂供应商。由供应商根据输入的正面造型、主要参数（轮毂大小、轮宽、螺栓孔数量及节圆直径、偏距、中心孔尺寸、整车质量、刹车线型、装饰帽尺寸等）、成型工艺等完成整个轮毂3D数据的设计。其中轮辋的设计按照标准规定选用与整车要求相配的轮辋规格，轮心的设计则根据轮毂与车桥车轴上的安装盘等安装定位要求进行确定[4]。随后会对产生的3D数据进行有限元受力分析，模拟轮毂受到冲击的受力情况，并强化轮毂结构，生成合理的轮毂造型，并通过试制车间进行样品试生产，最终通过各类测试后批量生产上市。

在此过程中，轮毂造型设计师与生产技术工程师在产品研发过程中会存在一定的意见分歧。设计师产出的有创意的轮毂造型往往被工程师所否决，美感与工程可制造性方面出现断层。

目前在轮毂设计行业，基础研究匮乏。基于大量有关文献分析研究发现，对轮毂设计的研究都较为片面，往往侧重轮毂的造型美学而忽略了力学性能，抑或侧重轮毂的力学结构分析而忽略了造型创意。其实轮毂在造型及性能上兼具美学与工程方面的双重考量，属于产品设计技术美学的范畴。对于汽车轮毂这一产品，既要符合造型美学规律，又要在功能上必须符合力学要求；对于企业来讲既要缩短研发周期，降低生产成本，还要塑造和延续品牌的生命力。这对轮毂设计与制造提出了新的要求，主要体现在以下几点：

（1）满足结构性能要求

轮毂的结构性能与其工作环境、制造材料、加工方法密切关联。轮毂制造材料有钢铁材料（球墨铸铁、碳素钢等）、轻质合金材料（铝、镁、钛及其合金等）和复合材料（碳纤维等）三大类别，成型方法有铸造法、焊接法和锻造法等。

造型设计时，要充分考虑不同的材料与成型工艺对轮毂的重量、强度、韧性、导热性和减震等结构性能的影响，满足轮毂结构性能要求是轮毂设计的重要要素之一。

（2）造型与品牌文化的呼应

轮毂的竞争最直接的表现就是品牌造型的竞争，“品牌造型基因”作为一种延续品牌“生命力”的设计要素成为轮毂的核心竞争力。彰显品牌文化的造型，是品牌特征得以延续的保障。

（3）符合用户个性化审美需求

世界市场正在步入个性化消费的时代，能够彰显自我独特个性的定制型产品逐渐获得消费者的喜爱。用户需求的多样化、特殊化和自我品味化，使得个性化定制成为制造业研究与应用的热门。轮毂造型设计的设计目标必须从审美角度出发，抛开审美只谈技术不是完整的，抛开技术来谈审美也是空中楼阁。不同人群由于文化、地域不同，所带来的审美需求也不同，因此轮毂造型设计审美需求的满足，既是美学上的考量，亦是造型、技术、功能等的综合体现。

（4）完善的轻量化设计

汽车轮毂的轻量化是在保证轮毂整体性能不受影响甚至提高的前提下，在一定成本控制下，最大限度地减轻自身的质量。轮毂轻量化只有通过技术创新，才能实现整体的跨越。将其材料性能、结构设计、成型工艺等综合考虑，造型设计时应重点考量结构的可行性，在此基础上进行合理的轻量化减重设计，以保证轮毂设计合理性及性能的最佳化。

目前国内设计师的设计还都依靠静力学测试、经验积累和类比等方法，包括对于其结构的优化，也都凭经验来进行修改。这样的模式势必会造成开发周期长、劳动强度大、资源浪费多、结构性能差等诸多问题。

（5）可制造加工性

轮毂造型设计注重可制造性是生产和设计部门中必要的考虑因素，是美学与工程的兼顾性考量，只有这样，才能使设计人员考虑的不只是功能实现这一首要目标，还要兼顾生产制造方面的问题。这就是说，不管你设计的产品功能再完美、再先进，但是不能顺利制造生产或者要花费巨额制造成本来生产，这样就会造成产品成本上升、销售困难，失去市场。

1.2 轮毂产品的审美与风格问题

近年来，随着制造加工技术的发展，产品同质化现象日渐严重，消费者在由最初关注轮毂性能的安全性逐渐向更加注重轮毂造型款式的个性化审美性转变。

审美是对美的一种抽象表达，审美与特征的关系是产品风格的基本属性，审美是一种语义上的表达，特征是产品实体性的具象表述，人们常通过审美语义表达对风格进行描述。

不同类型轮毂产品的审美属性大有不同，消费者通过造型特征来区分产品风格属性，并获得不同造型风格带来的审美感受。

1.2.1 轮毂审美六维度

市场上的轮毂通常可以按照材质、制造工艺、构造、表面质感、造型形式和造型风格六个角度进行划分，这也构成了轮毂产品审美的六个维度。

（1）轮毂的材质美

按照材质划分，轮毂主要有钢轮毂、合金轮毂和碳纤维轮毂三种。

钢制轮毂制造材料主要以碳素钢和球墨铸铁为主，主要应用在一些低端车型或对承载能力有较高要求的商用车上（如图1-6所示）。主要优点是强度高、承载能力强和耐冲击性，而且制造工艺简单，成本相对较低[5]。突出缺点主要是外观造型单一、重量大、惯性阻力大、散热性能差、易生锈。

合金轮毂材料主要以铝合金为主，以中高端车型应用居多，更高级别车型也有镁合金或钛合金轮毂（如图1-7所示）。主要优点是表面效果美观、散热性好、质量轻、强度大。

图1-6　钢制轮毂

图1-7　合金轮毂

图1-8　碳纤维轮毂

碳纤维轮毂分纯碳纤维轮毂和碳纤维与铝合金混合材质两种，主要应用在极个别的高端车型、赛车或概念车上（如图1-8所示）。优点是重量极轻，纯碳纤维轮毂比同尺寸的锻造铝合金轮毂轻40%左右，如20寸的铝合金轮毂为18 kg左右，纯碳纤维轮毂仅为6 kg。缺点是价格高，一般是同规格尺寸铝合金轮毂价格的100倍左右。

（2）轮毂的工艺美

按照生产制造工艺划分，轮毂主要有铸造、旋压和锻造三种。

铸造轮毂是将铝和其他金属合金用高温熔化成液态，再注入模具内成型，成型后要经过机械加工修整去毛边、抛光制造而成，一般有重力铸造和低压铸造两种工艺方法[6]。特点是制造成本低，适合于大批量生产，但也有铸造缺陷、重量大、轮辐造型不宜细小等缺点，如图1-9所示。

旋压工艺是将金属筒坯、平板毛坯或预制坯用尾顶顶紧在旋压机芯模上，由主轴带动芯棒和坯料旋转，同时旋压轮从毛坯一侧将材料挤压在旋转的芯模上，使材料产生逐点连续的塑性变形，从而获得各种母线形状的空心旋转体零件[6]74-75，如图1-10所示。

锻造工艺是将整块铝锭经由模具一次性挤压成型，使轮毂的整体密度平均化，提高材料强度，同时减轻了重量[6]75-76，而且能够制造较细致的轮辐，造型美观，如图1-11所示。

图1-9 铸造轮毂

图1-10 旋压工艺轮毂

图1-11 锻造工艺轮毂

（3）轮毂的结构美

按照构造划分，轮毂可分为单件式、多件式和内置空气合金轮毂。

单件式轮毂多以赛车合金轮毂为主。受赛车运动的影响和节能、美观的要求，F1赛车多要求采用单件式轮毂，通常采用锻造制坯再利用旋压工艺成型生产，以确保产品的高性能和最轻量化[4]97-98（如图1-12所示）。

多件式合金轮毂有两件式和三件式，轮毂的几个部分分别用锻造和旋压工艺制造，然后用钛螺栓连接，产品质量轻、强度高、性能优越，但是价格昂贵，主要用于各类锦标赛赛车和高档豪华汽车[4]97-98（如图1-13和图1-14所示）。

内置空气合金轮毂是一种全新概念的新型轻量化合金轮毂，采用铸造毛坯，利用旋压工艺完成空腔的制造，通过空腔技术能最大限度地减轻轮毂质量[7]（如图1-15所示）。

图1-12 单件式轮毂

图1-13 两件式轮毂

图1-14 三件式轮毂

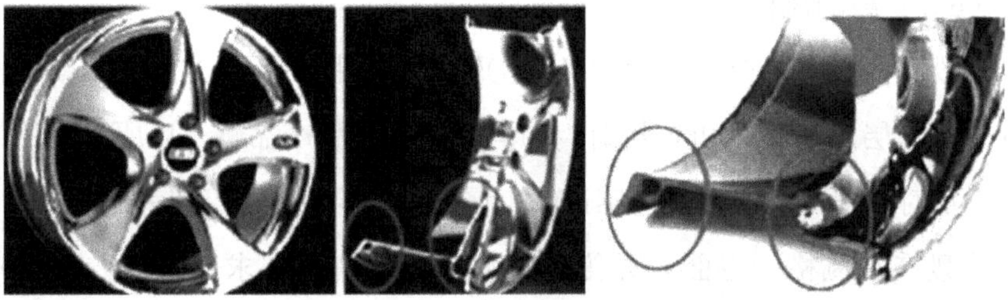

图1-15 内置空气合金轮毂

（4）轮毂的质感美

轮毂表面处理主要有烤漆、电镀、贴图和表面机加工工艺。其中表面机加工工艺方法主要有抛光、镶嵌、滚花、精铣、发光体等几种形式（如图1-16所示）。

图1-16 轮毂表面质感

（5）轮毂的形式美

轮毂按造型形式分为轮辐式、盘状式和网状式三种。轮辐式以单体轮辐为主要特征，盘状式的轮辐以盘状为主要特征，网状式以细密网状轮辐为主要特征（如图1-17所示）。

（6）轮毂的风格美

轮毂风格包含两个层面的含义：①轮毂造型特征所属的风格，属于对造型特征物理层面上的认知与判别；②消费者对轮毂产品解读后所引发的情感体验，是对轮毂产品的一种情感认知，属于心理层面的意象特征。

轮毂产品风格一方面充分传达了消费者的情感需求，另一方面也充分体现了设计师的意图，已经成为消费者与设计师沟通的重要媒介，也是设计师准确掌握消费者真实的感觉与期望、理解消费者对产品的情感认知的重要途径。

（a）轮辐式轮毂　（b）盘状式轮毂　（c）网状式轮毂

图1-17 轮毂造型形式

1.2.2 轮毂风格认知差异

人们在对产品的认识过程中会形成对产品的感性意象[12]。颜色、肌理、结构、造型以及文化属性造就了某种产品语义，产品意象是产品透过造型设计之后产生的，而人们对产品意象的认知与其生活经验、环境因素、文化背景等是相关的，所以产品意象是否被正确传达显得尤为重要。首先应了解的就是消费者对某一产品的印象，其次是对由产品所形成的设计要素与消费者意象的关系进行分析，因为产品的意象通常是由设计要素的特征或特性所体现的。

产品外观所传递的不仅仅有视觉上的美感，同时承载了更多的价值属性以及文化属性等。产品的意象是产品特征传递的知觉感受，这些知觉感受往往受到文化属性、环境等因素的影响。

设计师和消费者在知识背景、环境因素等方面存在差异，设计师所要传达的感性意象能否成功地传递给消费者取决于两者的认知差异程度[8]。因此，产品的感性意象有两个方向，一个是以设计师为中心的意象，一个则是以使用者为中心的意象。但实际上由于产品大多承载着复杂的信息，两者的感性认知往往存在着一定的差异。

如何消除和解决消费者认知差异的问题，即轮毂风格认知差异与判定问题，将在第3章进行详细阐述。

1.3 轮毂视觉美学研究

如果说产品的功能是其生命，那么，其美学属性则是产品的灵魂。满足不同消费者对产品的美学要求，已经成为制造业未来发展的新趋势。

视觉美学的研究，能够充分发掘产品的美学特征及其风格要素，从而为产品的美学规律提取及风格再现提供理论依据。

视觉美学是通过视知觉感受事物美的心理过程，视知觉是一个复杂的系统，是一种复合式的视觉因素感知系统。它通过把各种视知觉因素结合起来进行加工整理，来整体把握事物的感性认知[9]。

产品的美感通常表现在两个方面，即视觉和知觉两方面的美感。视觉上的美感通常体现在产品的构成要素上，如统一、协调、比例等，使得产品容易被记忆。知觉美感是在视觉美感基础上形成的美感经验，是一种通过联想而获得的美感特性[10]。产品的美感是产品造型对人的知觉的影响，是人与事物交互作用的结果，并影响着消费者的行为习惯。

产品设计必须依据视觉美学加以着手，要想创造出具有美感的产品，就要了解影响消费者视觉美学感知的因素。视觉美学感知因素主要是通过产品外观造型的原则体现的，可以分为角度、对称、比例和尺寸四个关键点[11]。

（1）角度

造型中包含某种角度形状时，会使人产生丰富的想象，如轮毂正面造型通过V形记忆曲线（第2章详细阐述）所分割的三个类别：三角形、梯形、长方形（如表3-1所示）。

（2）对称

对称是数学上的术语，有上下、左右、中心放射、螺旋等对称形式，对称性决定了各种可能的守恒定律，是客观的、自然世界固有的属性。在艺术作品中，指图形相对一个中心或一条线，在大小、形状的排列上具有一一绝对对应的关系，常代表某种平衡、比例和谐之意，表现为优美、庄重，对称是视觉美学评估中很重要的因素。轮毂造型形式上就是一种严格的规律放射状对称。

（3）尺寸

尺寸通常决定着某些个性特征，尤其专注于尺寸大小时，不同地域与文化属性对尺寸的理解也不相同。

（4）比例

比例多见于数学上的术语，在工程制图中指图形与其实物相应要素的线性尺寸之比。艺术作品中的比例通常指物体之间形的大小、宽窄和高低的关系，比例是影响外形认知的主要变量，是部分与部分、整体与部分间的关系，常说的比例原则有黄金比例、图底关系等。如图1-18和图1-19所示，以五角星形求取黄金比例线段的方法对应五辐轮毂黄金比例造型加以例证。

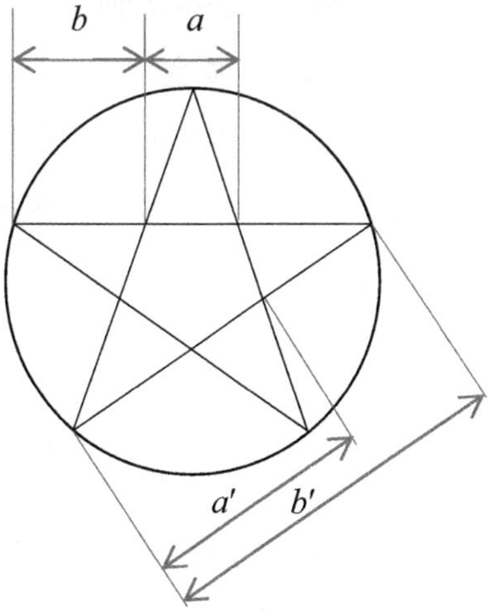

图1-18 五角星形黄金分割作图法

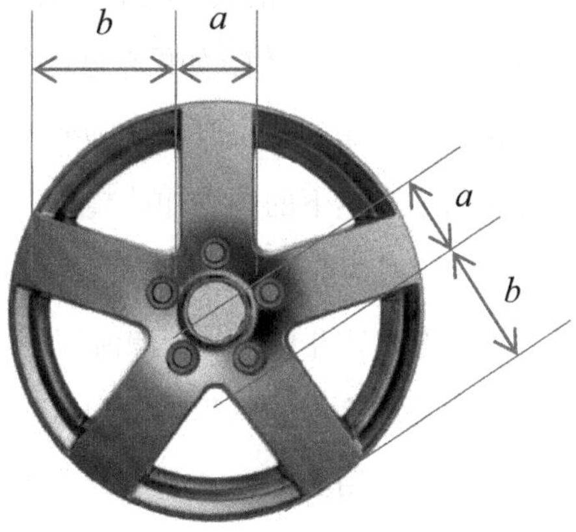

图1-19 五辐轮毂黄金比例造型设计

图1-18中，五角星形中的黄金分割比为a∶b=b∶（a+b）=a'∶b'=0.618∶1，若a'=（a+b），则a'∶b'=1∶1.618。五角星中的所有线段之间的长度关系都符合黄金分割比，世界上包括中国在内的许多国家的国旗上都带有五角星的原因之一也在于此。

图1-19中的轮毂造型给人以简约的美感和稳重的安全感，原因是轮辐的宽度和长度均是按照近似黄金分割比设计的，单个轮辐的宽度值与其到轮辋边缘的距离值，以及中心点到轮辐的距离与其长度值的比也都近似等于0.618，即a∶b=b∶（a+b）≈0.618∶1，是“约等于”而非“等于”的原因为受视觉心理因素影响不能用“等于”来界定。

黄金分割比理论中不仅仅包含长度的比，也包括面积的比，如黄金矩形和黄金三角形等，一般见于矩形和三角形本身的黄金比例分割。在稍复杂的平面图形中主要图形与背景，或产品三维造型中主要结构在整体中所占的面积，这一黄金比例秩序也是存在的，也是容易被人接受的美感比例。但相关的理论研究较少，一直没有现代语言对其作定量描述，笔者认为可以用“渗流”理论来解释。

渗流理论是研究流体在多孔介质或渗透介质中流动的规律和现象的科学。逾渗原理是渗流理论的典型应用，即流体在多孔介质或渗透介质中流动时存在一个临界点——逾渗阈值，如果超过这个临界点，就会由量变发生质变[12]。如水下岩体和水坝在建筑施工时，必须要考虑逾渗原理的这个临界点才能保证安全。再如艺术家笔下的国画如此精美，那也是艺术家多年的经验，即对于不同宣纸在运笔时墨和水的比例掌握得恰到好处所致。围棋棋局上的黑白棋子围合，对阵双方斗智斗勇也是受渗流理论的启发（如图1-20所示）。

渗流理论本是工程技术领域的术语，是研究流体在多孔介质中运动规律的科学。借用其原理并引用到艺术学科还是个比较新的概念，但我国古代的阴阳理论是与逾渗原理相通的，如太极图案，其构图精准平衡，“黑白鱼”形严格各占1/2的比例临界值（阈值），充分反映了“阴阳消长”和“物极必反”“否极泰来”的辩证思想（如图1-21所示）。

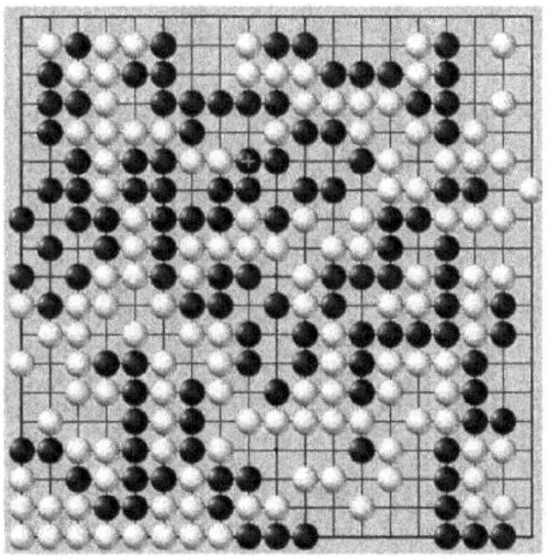

图1-20 围棋棋局

图1-21 太极图

渗流理论的逾渗原理在艺术学科领域的应用，关键是要处理好临界值（阈值）的问题。类似于人们对黄金比有着与生俱来的美感感觉一样，对于一个平面图形或是三维产品造型，其主要体现和表达的图形或主要结构所占的面积比例要恰如其分，也就是说要找到那个比例临界值（阈值），才能使观者或消费者达到情感认知，视知觉上感受到美感的存在，从而准确传达出图形或产品的意义。因此，这个比例临界值（阈值）具有美学价值。

在图形或产品造型中，首先看到的是图形本身，与图形密不可分的周围称为“底”，相对于图形而言，“底”即为常说的背景[13]。图与底是一个既对立又统一的矛盾体，不论是平面图形还是三维造型都存在“图”和“底”以及二者的比例关系，但有时也会出现反转和共生现象。图1-22为两个酒杯与一个酒瓶的共生图形，图1-23轮毂造型以“龙爪”轮辐为“图”与“人足”为“底”共生图形为创意。

图1-22 共生图形

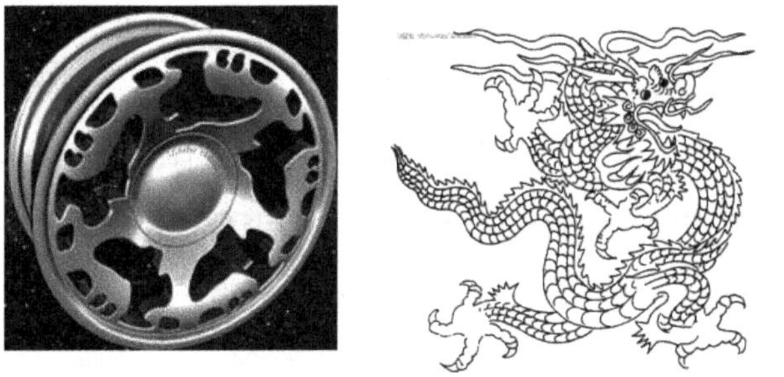

图1-23 轮毂中“龙爪”与“人足”共生图形

图底关系理论揭示了人的视觉组织辨认能力。在一个相对封闭的区域，二者之间的比例临界值（阈值）达到近似黄金分割比的时候，人们也同样本能地会感觉到一种共鸣和协调的美感存在。

图1-24中的一款实际使用的轮毂虽满足力学性能，但不符合渗流美学，所以视觉上空泛，心理上感觉没有安全感。图1-25的此款实际应用中的轮毂也满足力学性能，但不符合渗流美学，视觉上有堵塞感。因个人的审美感知有差异，以上分析只代表笔者及大多数人的观点，这一问题在第4章中有进一步的验证。

图1-24 轮辐较窄

图1-25 轮辐较宽

轮毂设计是个复杂的产品研发设计过程，在其造型及性能上要兼具美学与工程方面的双重考量，属于产品设计技术美学的研究范畴。技术美学不是具体的设计方法，它具有“元设计学”的意义和价值[14-16]。技术美学对企业塑造产品品牌和风格起到积极的作用，它既涵盖了“艺术”美学方面的2D和3D设计（即轮毂造型创意的关键环节），又涵盖了“工程”技术方面的FEM强度分析（即力学可靠性上的分析和验证），而且二者应是互相协调并进的。但目前，技术美学在轮毂设计实践中的应用还处在比较模糊的阶段。主要表现为，不是片面地强调工程技术，就是片面地强调造型美学，二者还是处在割裂的状态中。

因此研究轮毂技术美学问题，对于平衡造型美学与工程可靠性方面将起到积极的作用，轮毂设计中应用技术美学理念，不仅为合理的设计观念提供思想基础，也为具体设计活动的实践性和可操作性提供理论指导。

第2章　轮毂造型美学特征与识别方法

美学（Aesthetics）一词来源于希腊文Aesthetic，意思是“感性学”，汉语翻译成“美学”，最初的意义是“对感观的感受”，又称感觉学，是以对美的本质及其意义的研究为主题的学科[17,18]。美学成为一门独立学科最早是在1750年由德国著名哲学家鲍姆加登提出的，他认为美学是研究感觉与情感规律的学科。美学发展流派纷呈，自鲍姆加登之后，美学的发展经历了德国古典美学、马克思主义美学、西方近现代美学三个重要阶段[19,20]。其中近现代西方美学逐渐脱离了“美是什么”的纯哲学讨论，逐渐变成对创造美实践经验的理论概括，主要代表人物和美学思潮有德国费希纳的“实验美学”、美国杜威的“经验美学”、英国贝尔的“有意味的形式”理论以及后来的分析美学、现象美学、接受美学等等[21]。

造型美学（也称设计美学）则是以“包豪斯”的现代设计思想为基础，研究现代产品形式上遵循美学规律的一门实用学科，是技术美学学科的一个分支，同样遵循技术美学所主导的技术与艺术相结合的产品设计思想[22-24]。造型美学主要研究现代产品造型形式上的美学规律和特征，是产品设计研发流程中的重要组成部分，所以归纳总结分析轮毂造型的美学特征与变化规律是轮毂设计的前提基础。

轮毂设计造型美学方面的研究相对较少。其中关于轮毂造型设计方法的文献最早是由笔者提出来的，如发表于《装饰》（2007年第5期）的文章《汽车轮毂造型设计方法分析》[25]，从造型美学的角度，提出标准发射式、移花接木式、文化符号式、时尚追随式、喻指类比式、纹理装饰式和概念创新式等7种轮毂造型设计方法。虽在标准发射式方法中稍有提及轮毂的结构设计，其他几种轮毂设计方法中则对工程技术方面没有涉及。笔者发表于《包装工程》（2008年第12期）的文章《汽车轮毂造型本土化设计方法》[26]，完全出于传统文化、时尚文化、造型文法和人文审美的角度，从本土文化出发，提出引经据典、时尚追随、借指通感和人文关照4种轮毂造型设计方法，没有提及工程技术方面的要求。2001年泛亚汽车技术中心设计师根据整车研发实践经验，提出前期目标设定法、造型创意构思法、方案检验展示法、数据发布同步法和经验分享积累法5种轮毂造型设计创新方法[27]。台湾艺术大学纪丁允硕士[28]运用感性工学方法探讨轮毂外观造型与人的感性认知的差异性，并利用统计学方法建立轮毂造型要素与感性认知的量化关系，研究了感性语汇的收集方法和如何挑选轮毂造型要素，对轮毂静、动态图像的感性意向进行调查分析和差异比较。

2.1 轮毂构成与形式特征

轮毂造型除有标准的轮辋、PCD、中心孔以及为轻量化考虑的背面减重窝形状外，主要表现在正面片的轮辐布局与排列和侧视轮辐曲线特征两个方面。侧视轮辐曲线变化形式较少，有内凹、平行和外凸三种形式，一般以内凹形式居多（如图2-1所示）。背面减重窝形状对轮毂造型的影响不大，宽大或较厚的轮辐减重窝大些或深些，细密轮辐的减重窝小些或省略没有（如图2-2所示）。

轮毂因其功能结构要求必须是呈同心圆中心对称，轮辐呈发射状造型（如图2-3所示）。轮毂正面片形式对轮毂整体造型影响最大，对其造型美学的研究应首先从正面片的形式构成及变化规律特征入手，所以轮毂造型主要以研究正面片的形式特征为主，侧面轮辐曲线特征为辅。

图2-1 侧视轮辐曲线（凹）

图2-2 背面减重窝

图2-3 轮毂正面片造型

轮毂因其要具备高速旋转和平均承受车辆载荷压力的结构功能，其造型（轮辐）必须具有同心、对称和中心发射的结构形式特征，这一典型特征与自然界中盛开的花朵、太阳的光芒、海螺的螺旋发射外形、信号塔的发射塔架和天线等发射状特征相类似，而这些具有完美合理性的自然或人工形态结构也正是设计师“师法自然”的灵感来源 （如图2-4所示）。

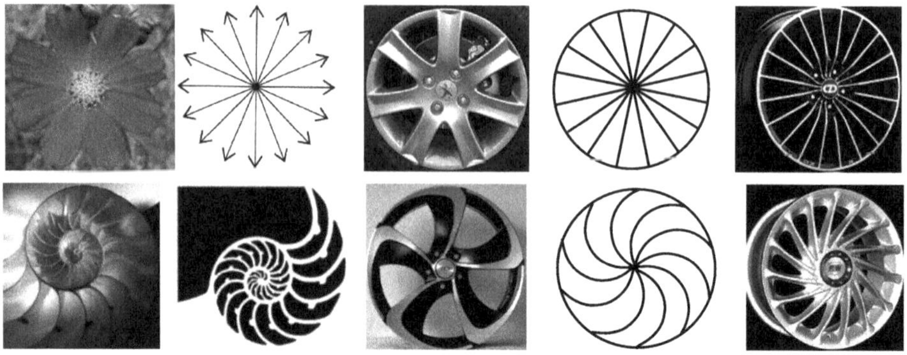

图2-4 自然界中生物的发射性状映射轮毂造型形式

发射构成[29-31]属于平面构成的一种形式。构成学涉及两个基本概念，一个是基本形，一个是骨格[32,33]。骨格是影响构成变化的最大因素。骨格分为规律性骨格、非规律性骨格、作用性骨格和非作用性骨格，从视觉效果上又可以分为可见骨格和不可见骨格（骨格线隐匿），可见骨格是指骨格线明确地表现在构图中，有明确的空间划分，有时骨格也可成为形象的一部分，可见的骨格线和基本形同时出现在画面上，不可见骨格只存在概念中，在画面中不出现，只是作为基本形编排的依据和结构[34,35]。

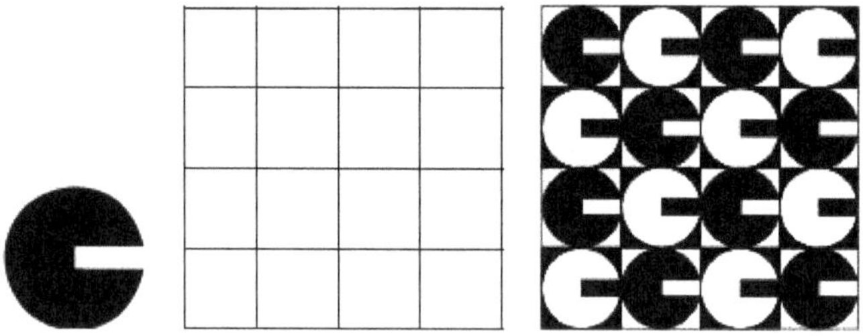

图2-5 平面构成的基本形和骨格

发射是一种特殊的重复，是基本形或骨格单位环绕一个或多个中心点，形态均匀向四周扩展或向中心收缩，发射象征着圆满的结构。发射构成，其构成骨格的特征是基本形围绕一个中心，有如发光的光源那样向外发射所呈现的视觉形象。这种构成具有一种渐变的效果，有较强的韵律感，构成后有时可造成光学的动感，或产生爆炸性的感觉，给人以强烈的吸引力[36]，如图2-6所示。

图2-6 发射构成作品

发射构成是平面构成中较为特殊的一种形式，其基本形和骨格可以角色互换，发射骨格通常有离心式、向心式、同心式、螺旋式和多心式5种形式[37]。从发射构成的角度探讨轮毂造型，即轮辐相当于基本形或直接是骨格线，又因轮毂特殊的功能结构，必须限定在同心圆内且只有一个发射中心，故多心式发射骨格不符合轮毂造型要求。这样就建立起发射构成的变化形式与轮毂造型的映射关系，从理论上解析轮毂造型设计，理性地探讨轮毂造型美学特征。

（1）离心式发射构成形式与轮毂造型的映射关系

离心式发射构成形式的主要特征是骨格线由中心向四周发射，通过骨格线或基本形的变化以体现其形式美[38]，基本形或骨格线的变化形式规律与轮毂造型的映射关系如表2-1所示。

表2-1 离心发射骨格线的变化形式规律与轮毂造型代表样本映射关系

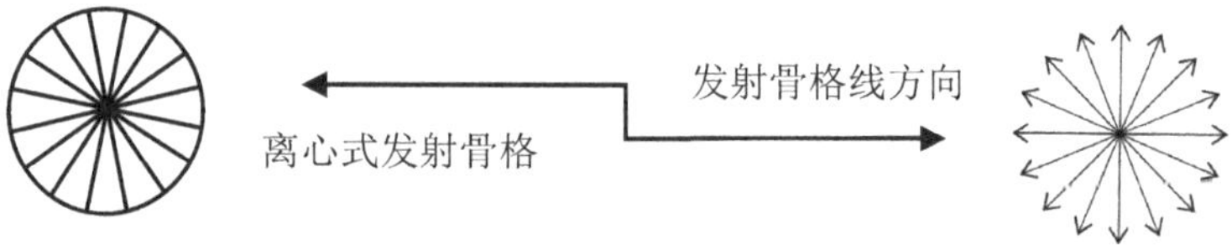

发射骨格变化规律描述	映射轮毂样本		
离心式基本发射骨格	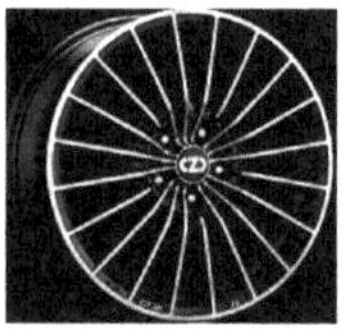		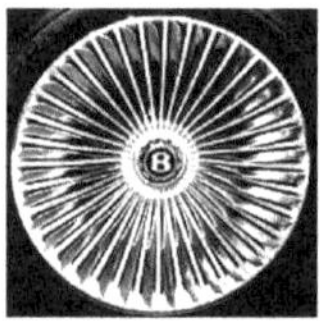
骨格线规则加宽 （等宽、不等宽）			
骨格线加宽拆分 （等宽、不等宽、*N* 等分）			
骨格线为基本形 （具象、抽象）			

（续表）

发射骨格变化规律描述	映射轮毂样本		
骨格线质变化 （折线、弧线、曲线）			
骨格线呈交叉网状			
骨格线（基本形）单体 概念形或组合变化			

从表2-1中可以看出，离心发射形式是目前市场上的主流轮毂造型形式。发射骨格或基本形的变化规律一一映射轮毂造型形式，也是此类轮毂造型特征的具体体现。

（2）向心式发射构成形式与轮毂造型的映射关系

向心式发射构成形式的主要特征是骨格线由四周向中心发射，通过骨格线或基本形的变化以体现其形式美[38]213-214，基本形或骨格线的变化形式规律与轮毂造型的映射关系如表2-2所示。

表2-2 向心发射骨格线的变化形式规律与轮毂造型代表样本映射关系

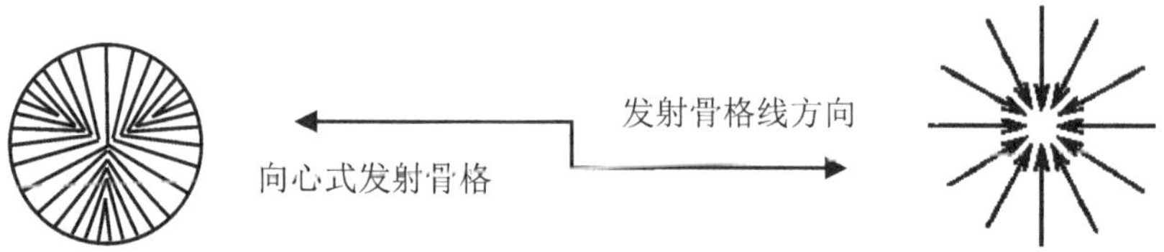

发射骨格变化规律描述	映射轮毂样本		
向心式基本发射骨格			
骨格线规则加宽 （径端处稍宽，靠近中心处窄）			
骨格线拆分 （等宽、不等宽、*N* 等分）			
骨格线径端拆分			
骨格线为基本形 （具象、抽象、组合变化）			
骨格线质变化 （折线、弧线、曲线）			

（续表）

发射骨格变化规律描述	映射轮毂样本
单纯骨格线或基本形变化	  

（3）同心式发射构成形式与轮毂造型的映射关系

同心式发射构成形式的主要特征是发射点从一点开始逐渐扩展，如同心圆渐变扩散所形成的重复形，由于主要放射线都集中在一起，格式变动有较大的局限性[38]213-214。在应用时可以结合其他形式，通过骨格线或基本形的变化以体现其形式美，基本形或骨格线的变化形式规律与轮毂造型的映射关系如表2-3所示。

表2-3 同心发射骨格线的变化形式规律与轮毂造型代表样本映射关系

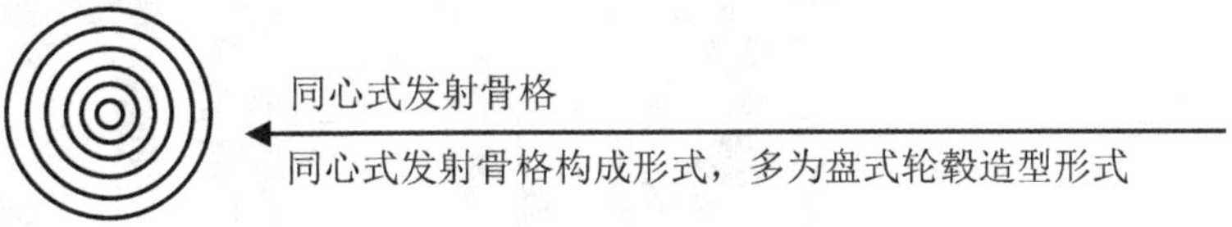

发射骨格变化规律描述	映射轮毂样本
骨格线质发生变化（折线、弧线）  	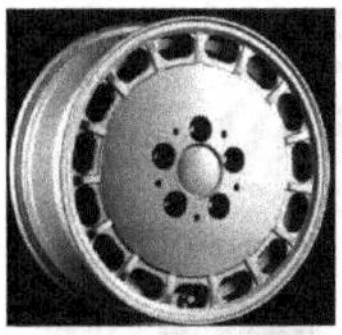  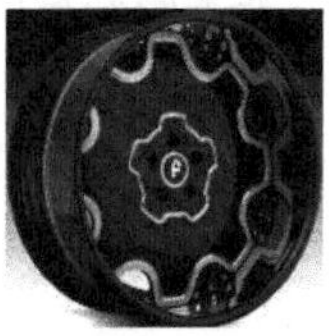
格线为基本形（具象、抽象）  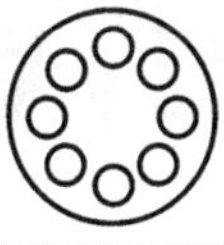	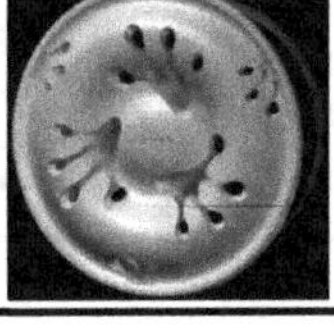  

（4）旋转式发射构成形式与轮毂造型的映射关系

旋转式发射构成形式一般与离心式、向心式、同心式结合使用，其主要特征是骨格线绕中心旋转发射，骨格线可曲线、弧线或折线，骨格线或基本形可具象，也可抽象。旋转发射构成的运动感较强，通过骨格线或基本形的变化以体现其形式美[38]213-214，基本形或骨格线的变化形式规律与轮毂造型的映射关系如表2-4所示。

表2-4 旋转发射骨格线的变化形式规律与轮毂造型代表样本映射关系

旋转式发射骨格：离心式、向心式、同心式

发射骨格变化规律描述	映射轮毂样本		
基本离心旋转骨格			
基本向心旋转骨格			
骨格线拆分（径端、非径端）	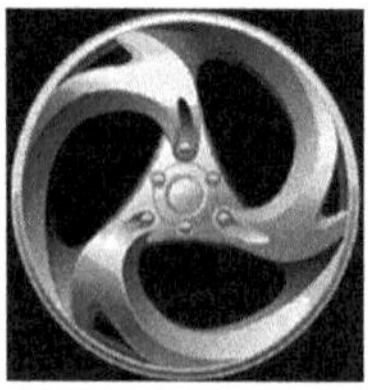		

（续表）

发射骨格变化规律描述	映射轮毂样本		
骨格线质变化 （弧线、曲线、折线）			
骨格线为基本形 （具象、抽象）	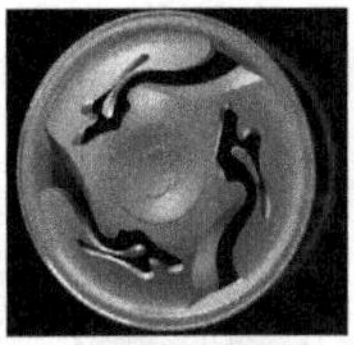		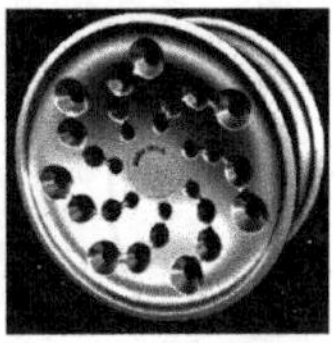
骨格线或基本形 复杂变化			

轮毂侧面片形式特征也起到了至关重要的作用，主要有平面、内凹和外凸三种形式。因轮毂的功能要求，要承载一定的压力，因此要有一定的弹性和韧性，内凹和外凸形式受力结构好，因而这两种侧面造型形式居多。其中内凹形式造型美观，与整车造型匹配协调，且变化形式多样，有弧线形、曲线和折线之分。外凸形式一般以弧线为主，少量折线形式，实际轮毂造型采用很少。侧面为直线形式，受力结构不理想，所以采用得更少（如表2-5所示）。

轮毂的造型形式特征主要表现在正面片和侧面片造型形式上。但在轮毂设计时，在满足使用功能的前提下，轮毂的材料应用、制造工艺、表面处理工艺和色彩应用这几个方面也不可忽略。所有这些因素综合考虑共同融为一体，才构成了轮毂本质的美学表征。

表2-5 轮毂侧面片形式特征

侧面片形式特征		轮毂样本
平面		
内凹	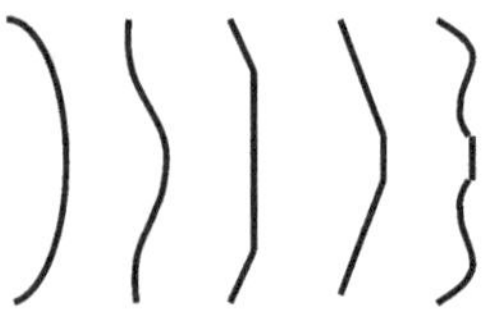	
外凸		

轮毂的材料由最初的石质、木质，发展到现代的钢铁、铝合金、镁合金、钛合金，以至于现在和将来要发展到碳纤维或其他更先进的材料的应用，材料本身的质地美就直接反映了轮毂的外观美（如图2-7、图2-8、图2-9所示）。

图2-7 镁合金轮毂

图2-8 钛合金轮毂

图2-9 碳纤维轮毂

新材料的应用伴随着先进生产制造工艺的出现，很多现在难以加工实现的创意造型得以生产制造，直接反映的是轮毂产品的工艺美。轮毂表面处理工艺由最初的手工打磨，到现代的机加工、CNC加工，在轮毂外在形式上体现了质感美。另外，表面精铣、压花、刻字、镶嵌工艺的出现，使得轮毂外在质感上增添了新亮点，大大满足了消费者的个性化审美需求（如图2-10所示）。

轮毂的颜色从最初的简单喷涂，到抛光、电镀、贴图，彩色轮毂的个性化创意处理更是赚足了人们的眼球，也是轮毂美学特征的直接外在表现（如图2-11、图2-12所示）。

图2-10 轮辐上专属刻字

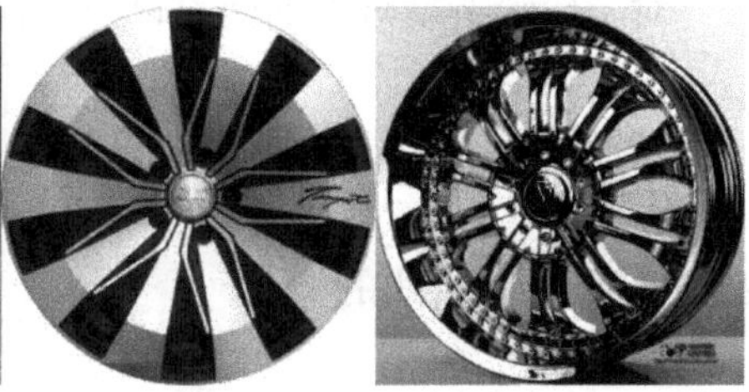

图2-11 水电镀轮毂

图2-12 彩色轮毂（套色）

2.2 轮毂形式审美特征识别——V形记忆曲线

对于轮毂造型规律的研究以及如何建立和延续品牌风格，本书提出“V形记忆曲线”概念。

2.2.1 V形记忆曲线的概念

V形曲线原为研究宏观或微观量的趋势或走势的描述方法，如对经济走势的描述，先下滑后上扬用正V形曲线描述，反之用倒V（即∧）形曲线描述[39]，也有对人的面部整体轮廓“明星脸”呈上宽下窄的V形特征描述[40]，也有在股票大盘走势的描述中采用复杂V形曲线来描述[41]等等（如图2-13所示）。本书只取其“形”意，而非取其“意”意。

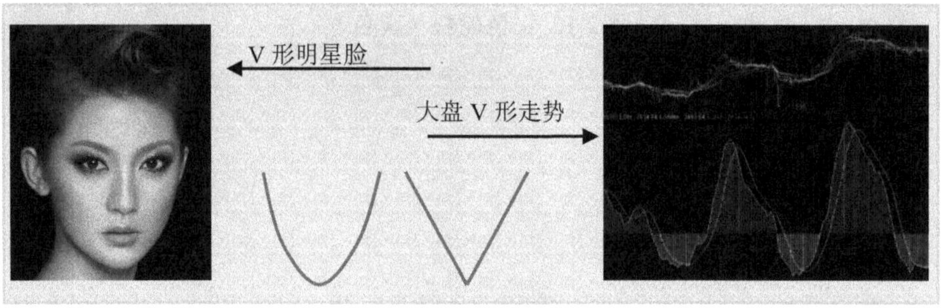

图2-13 V形曲线

记忆曲线即遗忘曲线（如图2-14所示），最初由德国著名实验心理学家艾宾浩斯（H. Ebbinghaus，1850—1909）通过研究人记忆的大量实验，绘出了一条记忆的遗忘曲线，横坐标为时间间隔，纵坐标为记忆保持程度，这条曲线即是著名的“艾宾浩斯遗忘曲线”[43,44]。艾宾浩斯认为“保持和遗忘是时间的函数”，即人们对一个事物的印象是随着时间的长度不断遗忘的，所以遗忘曲线是一个向下的、负面的过程，是对新事物遗忘的循序渐进的直观描述，要想记住一件事物就要了解记忆的规律——识记、保持、再认、回忆和遗忘[43]35。其中“识记”是指对事物进行编码、组织并储存在记忆系统中；“保持”是指对学习过的事物在脑中保留一定时间再认和回忆以及对记忆信息提取的形式；“再认”是指当感知过的事物重新出现在眼前时能够识别出来；“回忆”是指已感知过的事物不在眼前时，仍然重新回想起来[43]36。这个规律主要表明人比较容易记忆的是那些有意义的材料，把记忆的材料通过记忆方法归结成有意义、有一定形态的骨架，对材料形成牢固的形象，这样在记忆规律的几个阶段当中才能够易识记、易保持、易再认、易回忆。如企业在电视、互联网、报纸等媒体投放的广告，通过连续播放和刊登，使消费者或某一类人群形成固定的深刻记忆印象，达到品牌识别、传播和刺激购买欲望的目的。再如电影或电视剧正式播出前推出的预告片、幕后花絮、精彩片段等宣传手段，是一种比较特殊的广告，其不仅仅是制片方的票房营销物料，同时也使观众对这一

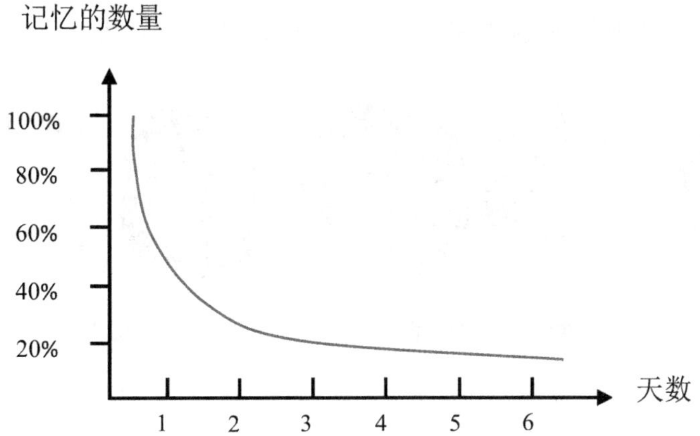

图2-14　艾宾浩斯遗忘曲线[42]

电影或电视剧的梗概形成深刻记忆和回忆。

通过对轮毂正面片造型形式特征深入研究发现：轮毂无论是哪一种造型，其正面片造型形式中轮辐都是依着一个V字形曲线有序的中心发射排列，且随着V字形曲线的变化而变化，V字形曲线有时显性，有时隐匿，即使是盘式轮毂这种曲线也依然隐匿存在。这种存在于轮毂造型形式中的V字形曲线，笔者将之定义为V形曲线。

V形曲线是骨格式的，以不同形式限定轮辐的排列，是一条规范轮毂造型的规律曲线，这种V形曲线有助于我们形成牢固的记忆形象，能够识记、保持、再认和回忆轮毂造型形式，对轮毂的品牌识别和形象延续具有记忆和遗传功能。本书取“V形曲线”之“形”，取“记忆曲线”之“意”，二者有机结合，这种符合记忆规律描述轮毂造型特征的V形曲线，笔者称之为V形记忆曲线（如图2-15、图2-16所示）。

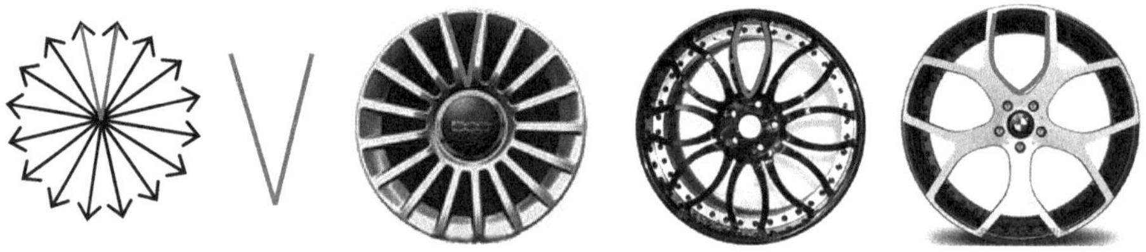

图2-15 发射骨格映射的轮毂造型中存在的V形记忆曲线

图2-16 V形记忆曲线在BMW某车系搭配的同一品牌轮毂上的应用

轮毂造型特征主要体现在正面片的造型形式上，轮毂的正面片造型形式中存在着V形记忆曲线。基于发射构成原理，轮毂造型形式中蕴含的V形记忆曲线以不同形式（直线、折线、弧线、曲线）规范着轮辐的排列，有时呈显性，有时隐匿存在，表2-6为基于V形记忆曲线的表征对轮毂正面片造型特征进行了分析、归纳和描述。

表2-6 轮毂的V形记忆曲线表征

骨格形式	表征	骨格线或基本形性状	映射V形曲线
	显性V形	骨格即为基本形，即为轮辐。(骨格线可为直线、折线、曲线、弧线等)	 
	显性V形	骨格即为基本形，即为轮辐。(骨格线可为折线、弧线、曲线等)	 
	显性V形	骨格即为基本形，即为轮辐。(骨格线为直线，多重骨格)	 
	显性V形	骨格即为基本形，即为轮辐。(骨格线为直线，交叉V形)	 
	V形隐匿	骨格隐匿，多为盘式轮毂。基本形镂空，为负形。(骨格线形不定)	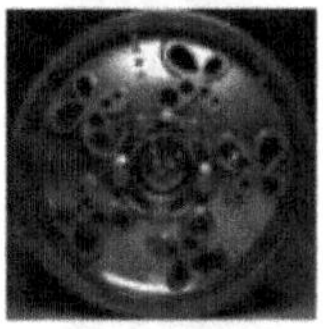 

从表2-6中可以看出，无论哪款轮毂造型，都存在着一条规律性的曲线，且规律性地规范着基本形（轮辐）的有序排列，这条曲线就是轮毂的V形记忆曲线，即为轮毂造型形式的典型标志。类比生物基因的特征规律，轮毂造型中也存在着类似于生物基因的“造型基因”，通过这些“基本造型元素”的重

复强化应用和聚类塑造了轮毂形态，是轮毂造型的典型特征，从表2-6中也能够看出这些“基本造型元素”—“造型基因”也正是通过V形记忆曲线予以描述和表达的，所以这条规律曲线即是轮毂造型设计时的“基因”信息。

产品“造型基因”的获取存在于感性和理性之间，感性方面主要表现为产品造型形式上的典型造型元素的高重复度以及企业的品牌营销策略，理性方面主要表现为分析总结出感性造型形式的规律性。轮毂的“造型基因”提取也不例外，从对表2-6的理性分析中不难发现轮毂造型形式中蕴含的V形记忆曲线具有这样的特点，而且类比生物基因规律，通过V形记忆曲线的变化映射的不同轮毂造型也正符合“基因”的遗传与变异特征。

2.2.2 V形记忆曲线的提取与分类

通过文献资料、网络资源等多种渠道获得轮毂图片信息，以轮毂正面为主要识别方向，即轮毂图片的主视图。利用Photoshop软件将轮毂图片处理为同等大小，整齐排列，再按照轮毂造型分为轮辐式、辐板式、网状式，受篇幅限制，每种类型只选取5张轮毂图片以示说明，根据轮毂分类，选取代表性形态，分析轮辐构成，人工绘制提取特征线，如图2-17所示。

图2-17 轮毂V形曲线描绘图

整理轮毂图片，将提取出的V形曲线进行合并归类，最终获得两大类：轴对称V形曲线和非轴对称V形曲线，如图2-18所示。

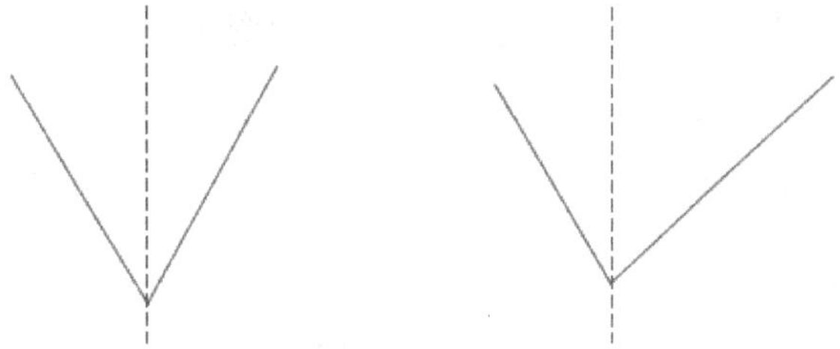

图2-18 V形曲线分类图

通过对现有轮毂中提取的V形曲线形态进行分析，发现轮毂V形曲线上的控制点个数最大为3，最小为0，其中2个和3个控制点的V形曲线占少数，2个控制点以上的折线趋近于曲线，因此本书重点研究0个和1个控制点的V形曲线的分类和变化，对于2个控制点的V形曲线作后续研究。

轴对称V形曲线和非轴对称V形曲线按线形分为双直线类、双折线类、折-直线类，其中折-直类只存在于非轴对称V形曲线中。

如表2-7所示，按照V形曲线形态特点，轴对称V形曲线又分为基本形、内收形和外扩形。基本形为V形曲线双直线类，内收形和外扩形为V形曲线双折线类。轴对称V形曲线上没有控制点，即控制点个数为0时，V形曲线称为基本形。

表2-7 轴对称V形分类

类型	V 形曲线图	轮毂实物图			
基本形（双直线）	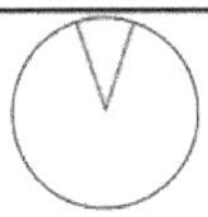				
内收形（双折线）					
外扩形（双折线）	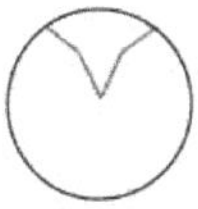				

在基本形上添加1个控制点，V形基本形可转变为内收形和外扩形两种不同形态。添加1个控制点，V形曲线形态变化如图2-19所示。由于所研究图形为轴对称图形，V形曲线沿y轴对称，y轴两侧变化相同，因此只选择一侧作变形演示。V形曲线中控制点以上的形态在a～c范围内变化，当线变化到b位置时，V形曲线为0个控制点，V形曲线为基本形，a～b范围内为外扩形，b～c范围内为内收形。

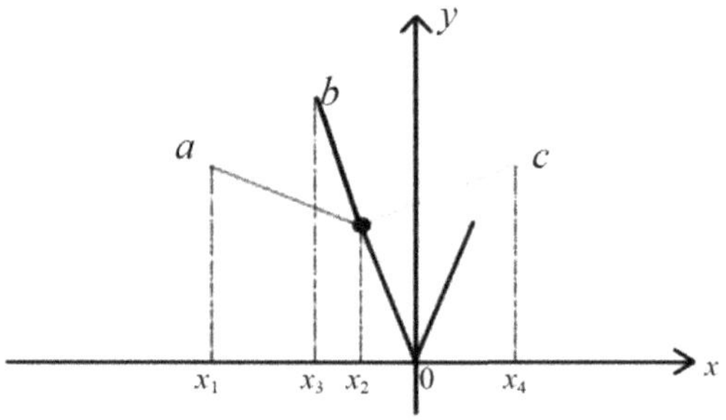

图2-19 轴对称控制点为1的V形曲线形态变化坐标图

控制点个数为1的轴对称V形曲线形态变化函数为

$$
\begin{aligned}
&l_a: y=\begin{cases} k_1x+b_1(x_1\leqslant x\leqslant x_2) \\ k_0x(x_2<x\leqslant 0) \end{cases} \\
&l_b: y=k_0x(x_3\leqslant x\leqslant 0) \\
&l_c: \begin{cases} y_1=k_2x+b_2(x_2\leqslant x\leqslant x_4) \\ y_2=k_0x(x_2\leqslant x\leqslant 0) \end{cases} \\
&l: y=kx+b(x_1\leqslant x\leqslant x_4) \\
&-\infty<k<k_1, k_2<k<+\infty \\
&-\infty<b<b_1, b_2<b<+\infty
\end{aligned} \tag{2-1}
$$

线l为V形曲线在a～c的范围内变化的函数表达式，通过改变线l的斜率k，引导V形曲线形态发生变化。

按照V形曲线形态特点，非轴对称V形曲线分为基本形、收-扩形、内收形和外扩形，如表2-8所示。

表2-8 非轴对称V形分类

类型	基本形（双直线）	收-扩形（双折线）	内收形（双折线）	外扩形（双折线）	内收形（折-直线）	外扩形（折-直线）
V 形曲线图	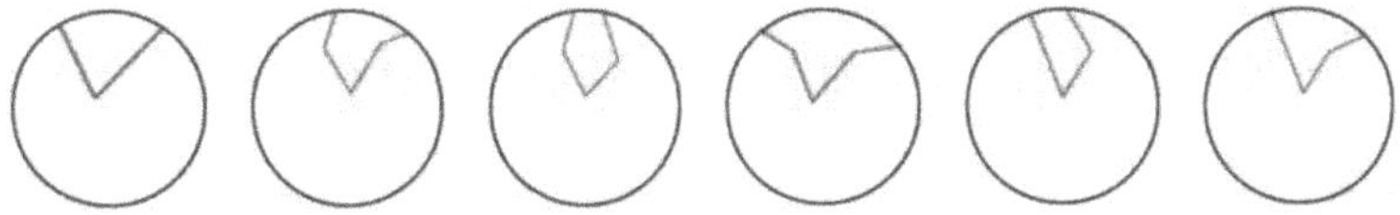					
轮毂实物图	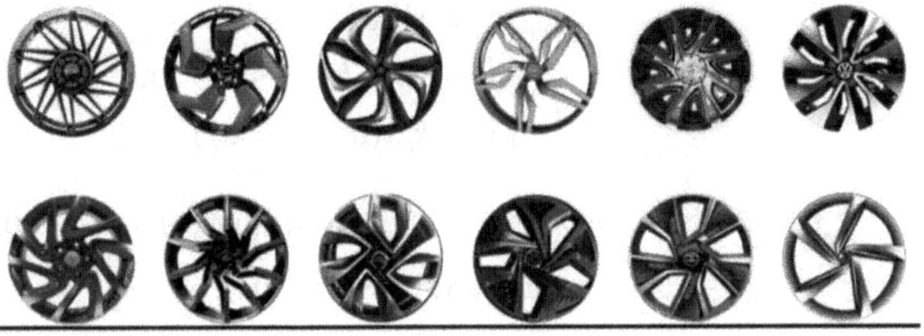					

非轴对称V形曲线0个控制点时为基本形，在基本形左右两条线上各添加1个控制点，V形曲线基本形可转变为双折线内收形、外扩形和收-扩形三种不同形态，在基本形其中一条线上添加1个控制点，V形曲线基本形可转变为折-直线内收形和外扩形两种形态变化。当非轴对称V形曲线添加1个控制点时，V形曲线形态变化如图2-20所示。

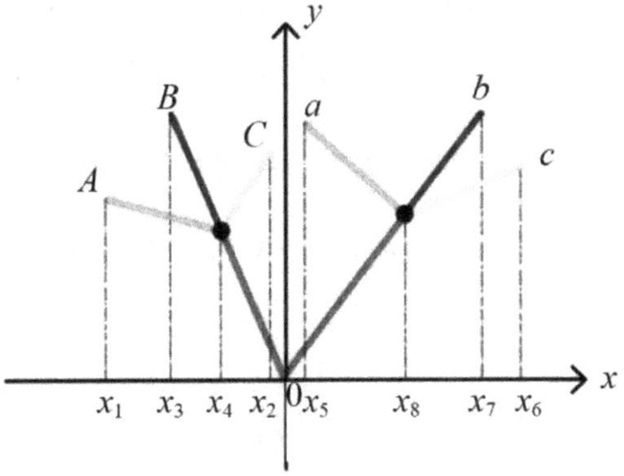

图2-20 非轴对称控制点为1的V形曲线形态变化坐标图

分类1：*Bb*组合，V形为基本形，控制点个数为0，V形曲线形态函数为

$$
\begin{aligned}
&l_B: y = k_3 x (x_3 \leqslant x \leqslant 0) \\
&l_b: y = k_6 x (0 \leqslant x \leqslant x_7) \\
&k_3 \neq -k_6
\end{aligned}
\tag{2-2}
$$

分类2：*Ba*组合，V形为折-直类内收形，控制点个数为1，V形曲线形态函数为

$$
\begin{aligned}
&l_B: y = k_3 x (x_3 \leqslant x \leqslant 0) \\
&l_a: \begin{cases} y_1 = k_4 x + b_4 (x_5 \leqslant x \leqslant x_8) \\ y_2 = k_6 x (0 \leqslant x \leqslant x_8) \end{cases}
\end{aligned}
\tag{2-3}
$$

分类3：*Bc*组合，V形为折-直外扩形，控制点个数为1，V形曲线形态函数为

$$
\begin{aligned}
&l_B: y = k_3 x (x_3 \leqslant x \leqslant 0) \\
&l_c: y = \begin{cases} k_6 x (0 \leqslant x \leqslant x_8) \\ k_5 x + b_5 (x_8 \leqslant x \leqslant x_6) \end{cases}
\end{aligned}
\tag{2-4}
$$

分类4：*Aa*组合，V形为双折收-扩形，控制点个数为1，V形曲线形态函数为

$$
\begin{aligned}
&l_A: y = \begin{cases} k_1 x + b_1 (x_1 \leqslant x \leqslant x_4) \\ k_3 x (x_4 < x \leqslant 0) \end{cases} \\
&l_a: \begin{cases} y_1 = k_4 x + b_4 (x_5 \leqslant x \leqslant x_8) \\ y_2 = k_6 x (0 \leqslant x \leqslant x_8) \end{cases}
\end{aligned}
\tag{2-5}
$$

分类5：*Ac*组合，V形为双折外扩形，控制点个数为1，V形曲线形态函数为

$$
\begin{aligned}
&l_A: y = \begin{cases} k_1 x + b_1 (x_1 \leqslant x \leqslant x_4) \\ k_3 x (x_4 < x \leqslant 0) \end{cases} \\
&l_c: y = \begin{cases} k_6 x (0 \leqslant x \leqslant x_8) \\ k_5 x + b_5 (x_8 < x \leqslant x_6) \end{cases}
\end{aligned}
\tag{2-6}
$$

分类6：*Ca*组合，V形为双折内收形，控制点个数为1，V形曲线形态函数为

$$l_C:\begin{cases}y_1=k_2x+b_2(x_4\leqslant x\leqslant x_2)\\y_2=k_3x(x_4\leqslant x\leqslant 0)\end{cases}$$
$$l_a:\begin{cases}y_3=k_4x+b_4(x_5\leqslant x\leqslant x_8)\\y_4=k_6x(0\leqslant x\leqslant x_8)\end{cases}\qquad(2\text{-}7)$$

非轴对称V形曲线的形态在$A\sim C$和$a\sim c$的范围内自由变动、自由组合，构成整个非轴对称V形曲线添加1个控制点时所有的形态变化情况，变形函数为

$$\begin{aligned}&l_{A\sim C}:y=kx+b(x_1\leqslant x\leqslant x_2)\\&-\infty<k<k_1,k_2<k<+\infty\\&-\infty<b<b_1,b_2<b<+\infty\\&l_{a\sim c}:y=kx+b(x_5\leqslant x\leqslant x_6)\\&-\infty<k<k_4,k_5<k<+\infty\\&-\infty<b<b_4,b_5<b<+\infty\end{aligned}\qquad(2\text{-}8)$$

V形记忆曲线是轮毂实现造型创新设计的关键形态，V形曲线中控制点的个数决定V形曲线的基本形态，控制点位置的变化引发V形曲线形态的变化。

2.2.3 V形记忆曲线形态设计法

以V形曲线作为轮毂形态特征的基本表现形式，利用骨格运算实现形态特征转化进而达到三维形态调整的目的，这种形态设计方法称为V形记忆曲线形态设计法。V形记忆曲线形态设计法是一个对轮毂形态特征提炼、生成、分类，通过参数化技术平台实现特征转换，最终实现基于V形曲线变换的三维形态转化与再设计的过程。

V形记忆曲线形态设计法的基本步骤可分为：

第一步，V形曲线的提取与骨格符号确定。以大量轮毂图片为基本素材，利用软件并结合人工操作等多种手段，提取、模拟或绘制轮毂的形态特征线，通过对形态特征线进一步简化，经专家小组认可通过后，作为骨格符号的图

形表达形式。

第二步，骨格的分类与构成。根据五大类骨格类型，结合轮毂形态特征，分别详细分析各类型的骨格构成并绘制相应骨格图形，得到五大类基本骨格图形库。

第三步，制定相应骨格运算与运算法则。递进运算、叠加运算和组合运算是骨格运算的三种基本运算形式。结合轮毂形态之间的转化特点，分别详细制定轮毂形态的三种运算公式。

第四步，选择合适的V形记忆曲线形态设计方法实现平台。整体形态定制选择参数化建模软件平台，局部微量形态调整选择直接建模技术平台。参数化建模软件平台是V形记忆曲线形态设计法实现的主要后台支撑技术。在参数化建模软件平台中嵌入骨格数据库，将骨格图形转换为点阵图形，结合点阵调控功能，实现三维虚拟模型的整体化变形。

2.2.4 V形记忆曲线形态设计法的意义和作用

从V形曲线的分类构成、骨格运算的目的和作用，以及V形记忆曲线形态设计法的完整步骤，可以得出V形记忆曲线形态设计法提出的重要意义和作用：

（1）便于轮毂形态的快速设计

将V形记忆曲线理论应用到轮毂形态变形设计中，分析轮毂V形轮辐特征，通过调整V形曲线的控制点，引导轮毂形态有规律变化，构建一种新的轮毂造型设计方法。研究结果改变了传统的轮毂设计方式，简化了设计过程，提高了设计效率，使轮毂形态设计更加直观便捷，实现了轮毂形态创新、快速设计的目标。

（2）便于轮毂品牌衍生设计创新

目前轮毂品牌众多，轮毂样式同质化严重，没有构建属于自己的识别性品牌理念。针对这一问题，本书在V形记忆曲线的基础上，将V形曲线作为轮毂造型的DNA，通过调整V形的形态，方便快捷地实现整体化的轮毂形态的变形，形成一系列具有相同基因但不同风格样式的轮毂造型，对于具有品牌特征的家族化轮毂形态的升级和轮毂品牌形象的建立，产生积极的影响，利于品牌轮毂的形态创新及品牌延续，对于品牌轮毂设计具有通用性。

2.3 V形记忆曲线形态设计法运用

2.3.1 轮毂V形骨格构成

骨格，是指支持形象的内在支干、构架，它决定了图形在空间中的格式与表现，图形可通过骨格在空间中获得有序的呈现，一个轮毂形态有多种不同的种类和数量的轮毂骨格构成。

依据轮毂形态构成分析，一个轮毂整体造型由以下几方面组成：轮辐形态、轮辐数目、轮毂侧面片造型、PCD孔、中心孔盖及细节特征，其中轮辐形态又包括轮辐基本结构、轮辐宽窄、轮辐转动等特征，如图2-21所示。

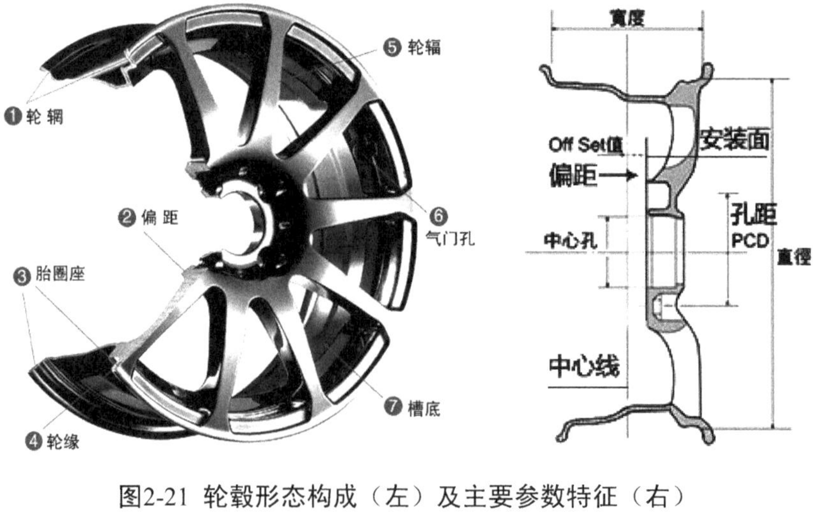

图2-21 轮毂形态构成（左）及主要参数特征（右）

参照上述形态特征，将轮毂骨格分为五大类并分别定义为：

线状骨格：表示轮辐基本形态结构特征的骨格。线状骨格又分为形态线骨格、角度线骨格、比例线骨格、旋转线骨格，其中比例线骨格又包含横比例线骨格和纵比例线骨格。

面状骨格：表示面积特征的骨格，面状骨格又包括比例面骨格。

孔状骨格：表示轮毂形态构成中螺栓孔及中心盘面特征的骨格。

势状骨格：表示轮辐侧视曲线特征的骨格。

异状骨格：表示轮毂局部细节特征的骨格。

图2-22为骨格分类构成图，体现了五大类骨格及其所属骨格之间的构成关系和层级关系。依据不同产品类型和款式种类，五大类骨格的具体骨格符号形式和骨格数量是不同的。

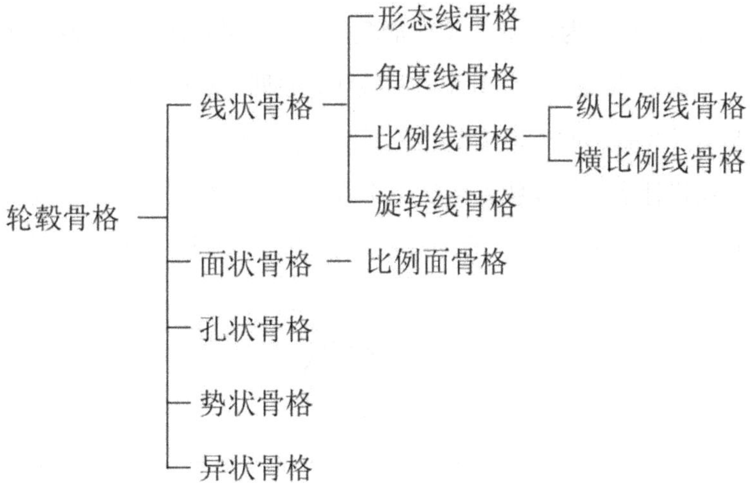

图2-22　轮毂骨格分类构成图

表达轮辐基本形态特征的骨格称为线状骨格，不同款式的轮毂具有不同的线状骨格。通过对现有轮毂造型图片的收集、归纳、整理和总结，按照轮毂轮辐形态分为九大类基本线状骨格，如图2-23所示。线状骨格一与线状骨格四同属V形基本形，但旋转中心不同导致轮辐形态不同（详见旋转线骨格）。线状骨格下属形态线骨格、角度线骨格、比例线骨格及旋转线骨格。线状骨格通过调节V形曲线的斜率、夹角以及控制点的位置从而控制轮廓线的变化。

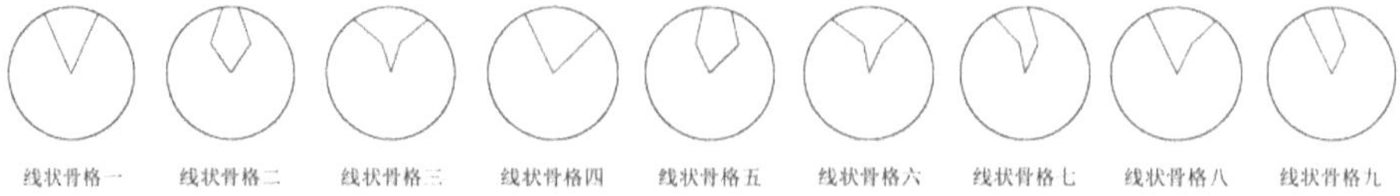

图2-23 线状骨格分类图

（1）形态线骨格

通过对轮毂图片的整理分析，结合形态学理论，根据9种不同的线状骨格又划分出不同的形态线骨格，每个线状骨格对应多个形态线骨格。形态线骨格通过调整控制点以上折线的斜率，使V形曲线实现形态变形。将形态线骨格分为6种或9种不同的形态变化，其中线状骨格五、六、七为非对称线骨格，左右控制点数目各为1，折线变化情况复杂，结果多样，因此这三类线状骨格存在9种形态线骨格。线状骨格一和线状骨格四为V形基本形，0个控制点，不通过改变折线斜率发生形态变化，因此线状骨格一和线状骨格四没有形态线骨格。线状骨格二、线状骨格三、线状骨格五、线状骨格六、线状骨格七、线状骨格八、线状骨格九的形态线骨格的符号及图形表达式见图2-24至图2-30。

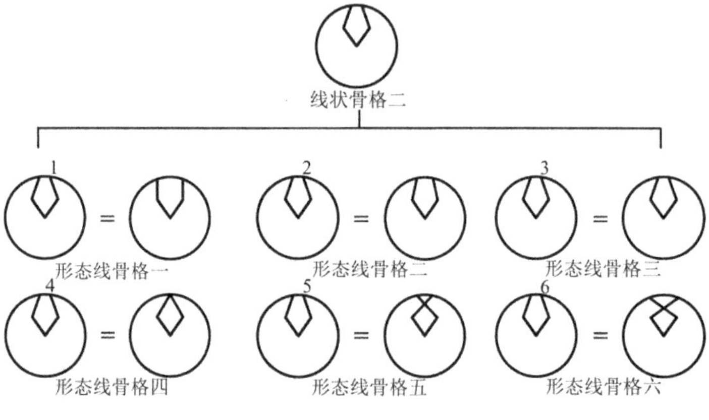

图2-24 线状骨格二对应的形态线骨格

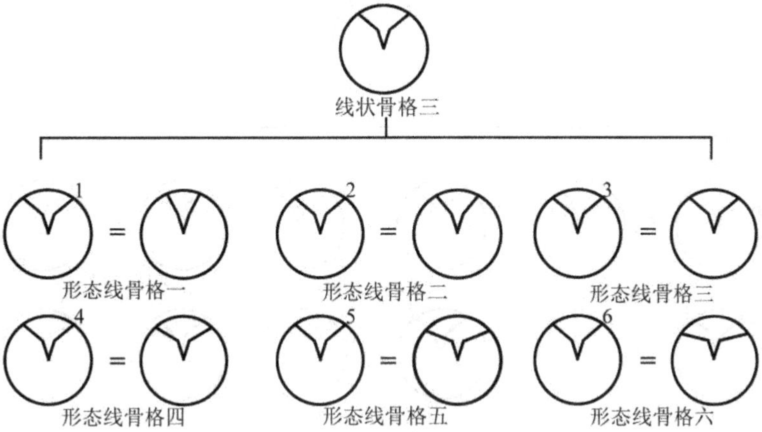

图2-25 线状骨格三对应的形态线骨格

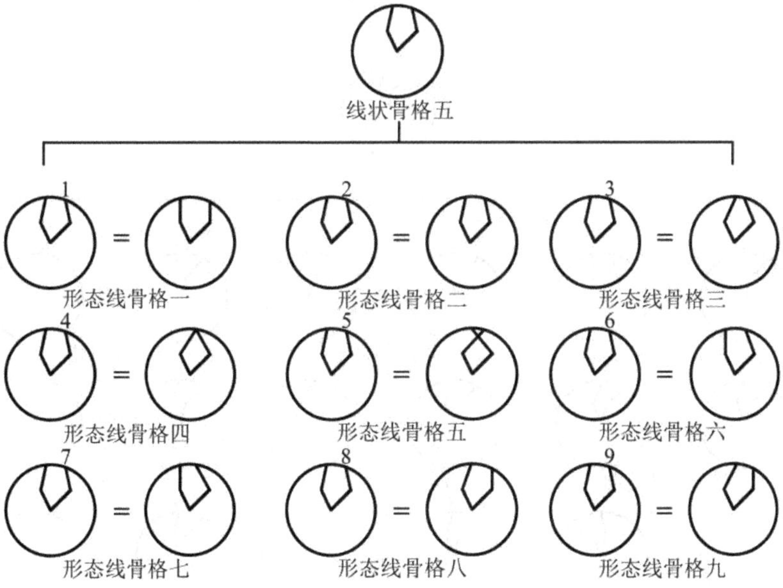

图2-26 线状骨格五对应的形态线骨格

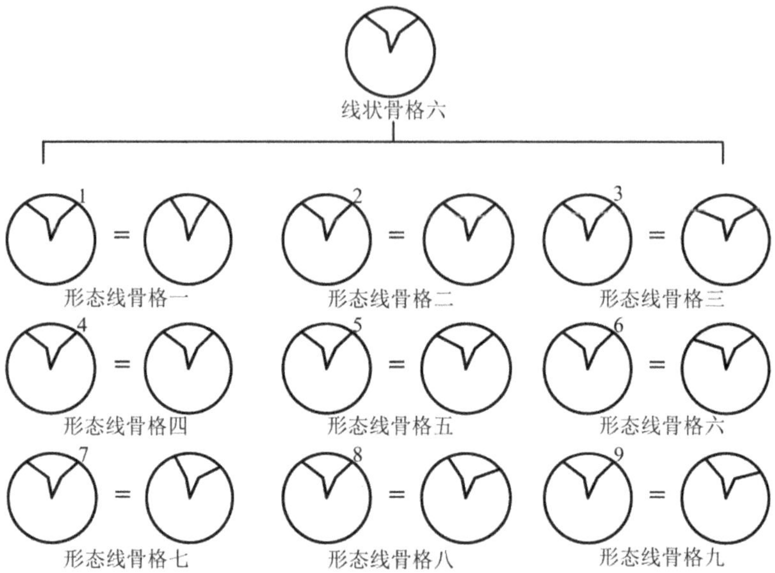

图2-27 线状骨格六对应的形态线骨格

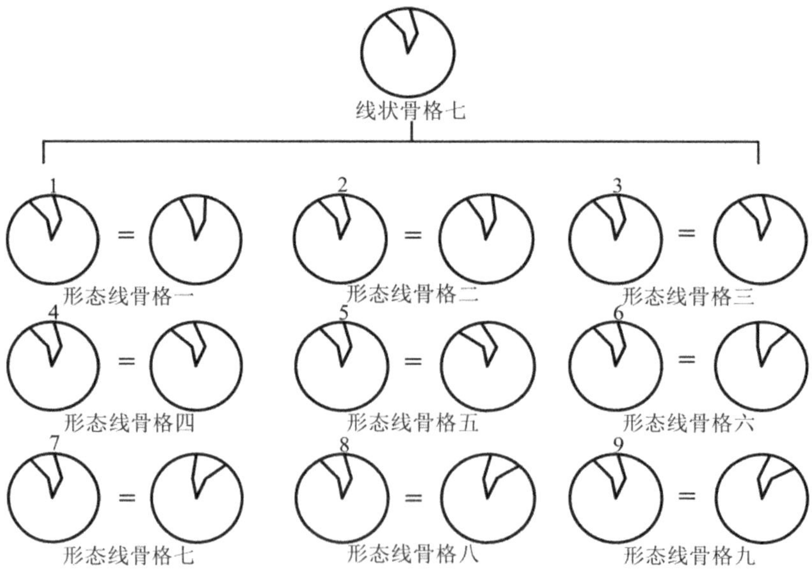

图2-28 线状骨格七对应的形态线骨格

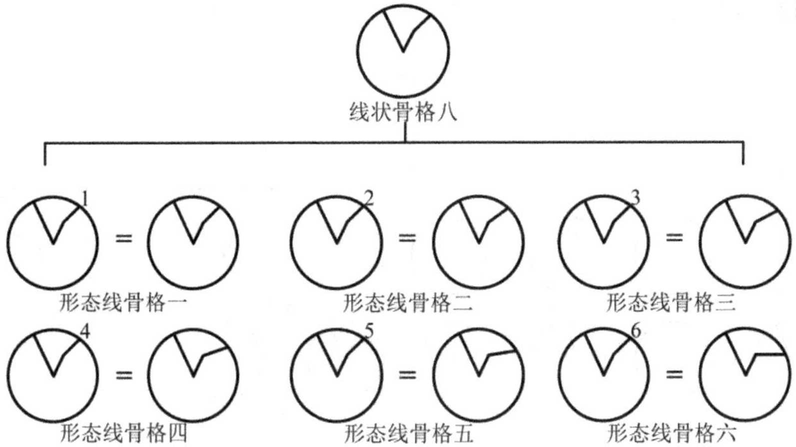

图2-29 线状骨格八对应的形态线骨格

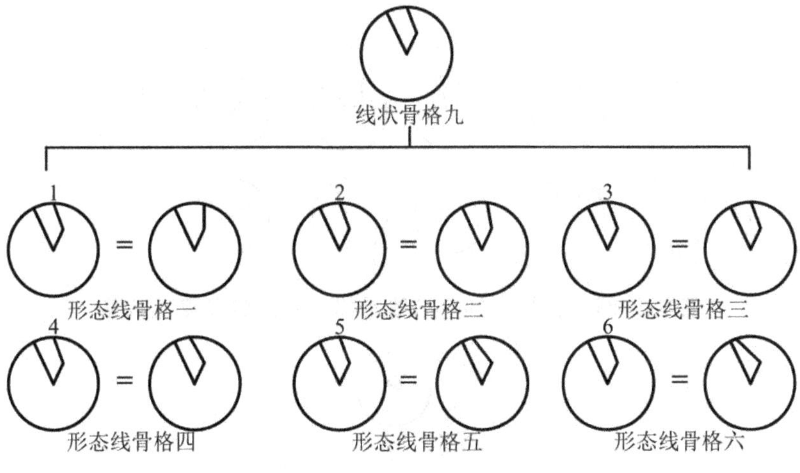

图2-30 线状骨格九对应的形态线骨格

（2）角度线骨格

角度线骨格表达V形曲线所形成的夹角的变化特征，轮毂通过调整V形夹角度数引发V形发生形态变化。每一种线状骨格或形态线骨格都对应7个角度线骨格，代表同一骨格的7种不同轮辐夹角的大小。图2-31至图2-41为线状骨格一及多个形态线骨格对应的角度线骨格符号及图形表达式。由于篇幅限制，本节仅绘制部分角度线骨格符号及图形表达式以示说明。

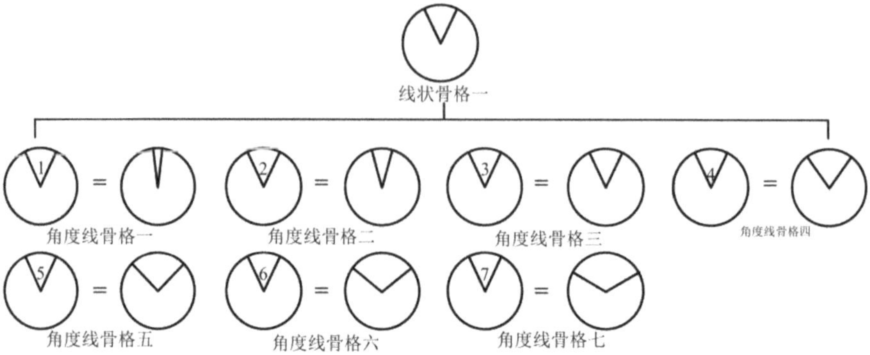

图2-31 线状骨格一对应的角度线骨格

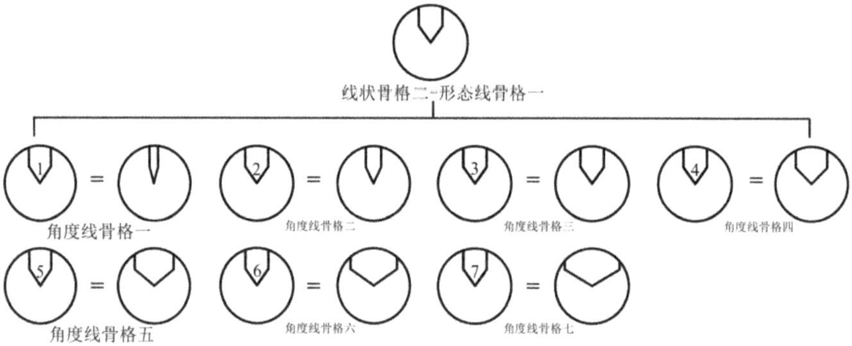

图2-32 线状骨格二的形态线骨格一对应的角度线骨格

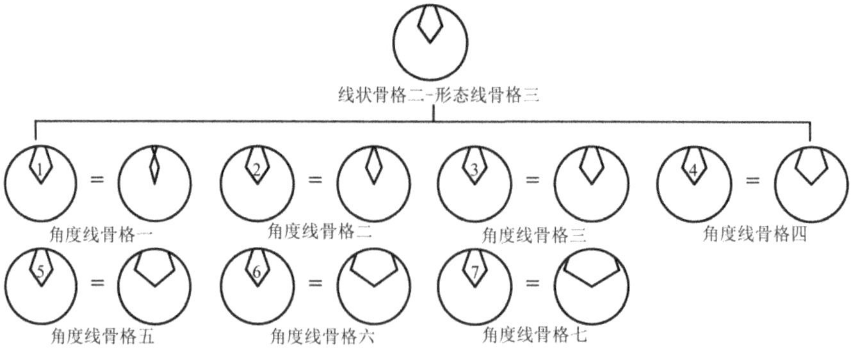

图2-33 线状骨格二的形态线骨格三对应的角度线骨格

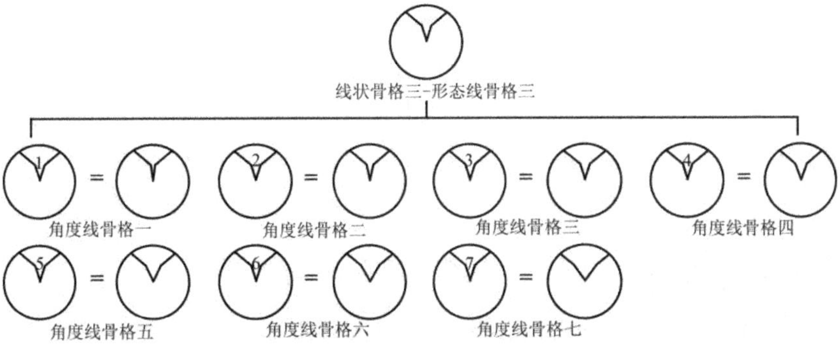

图2-34 线状骨格三的形态线骨格三对应的角度线骨格

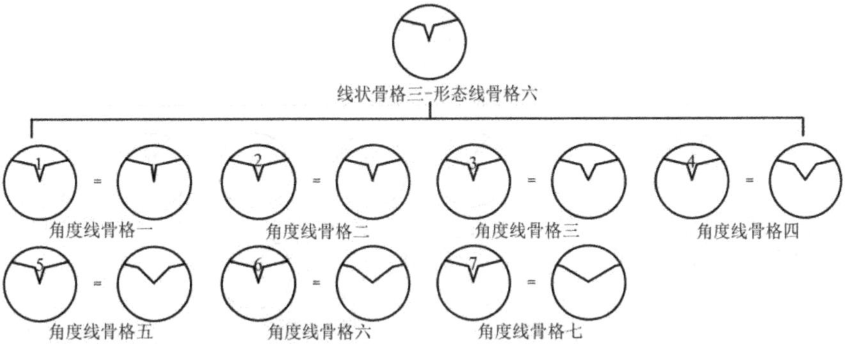

图2-35 线状骨格三的形态线骨格六对应的角度线骨格

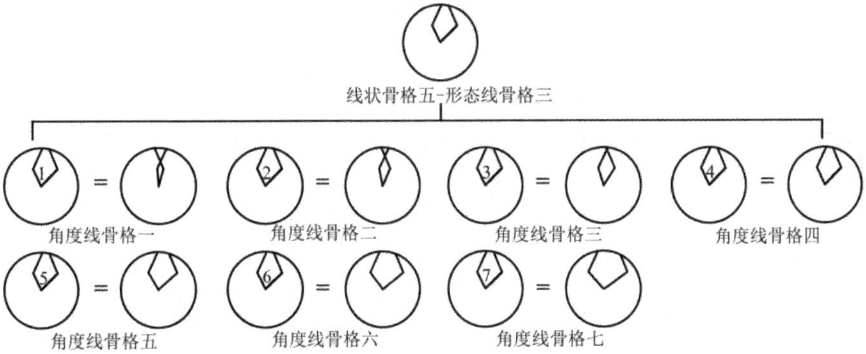

图2-36 线状骨格五的形态线骨格三对应的角度线骨格

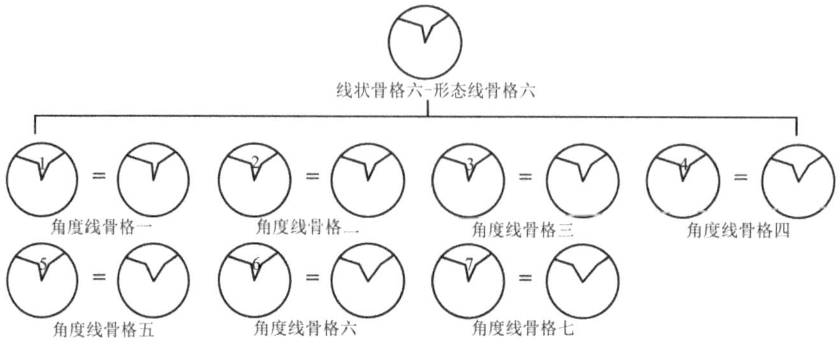

图2-37 线状骨格六的形态线骨格六对应的角度线骨格

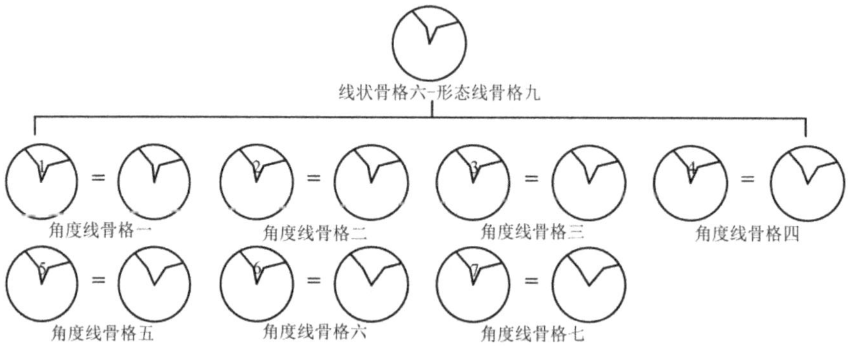

图2-38 线状骨格六的形态线骨格九对应的角度线骨格

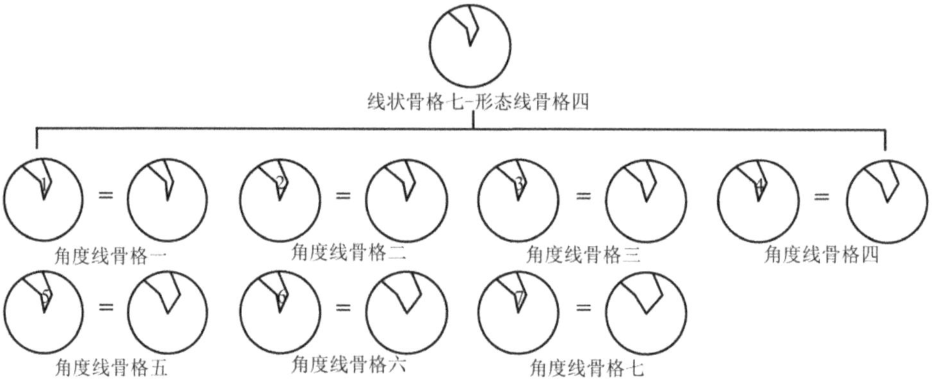

图2-39 线状骨格七的形态线骨格四对应的角度线骨格

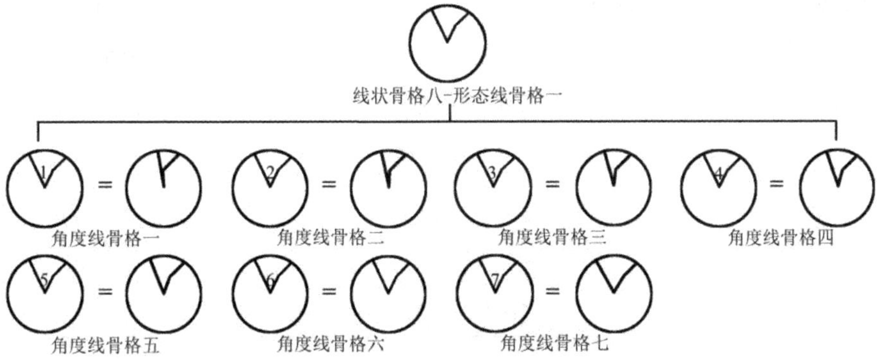

图2-40 线状骨格八的形态线骨格一对应的角度线骨格

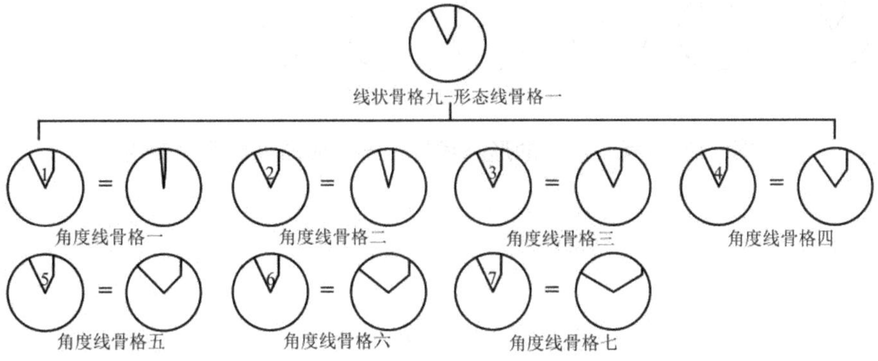

图2-41 线状骨格九的形态线骨格一对应的角度线骨格

（3）比例线骨格

比例线骨格分为纵比例线骨格和横比例线骨格，纵比例引导控制点纵向变化，横比例引导控制点横向变化，双向控制轮辐轮廓线实现各种变形。

比例线骨格首先确定纵比例线骨格的绘制。纵比例线骨格被划分为7种和13种变形，以代表同一骨格的多种控制点纵向移动引发的形态变化。线状骨格一和线状骨格四控制点数目为0，因此没有比例线骨格。形态线骨格与角度线骨格均有纵比例线骨格，线状骨格五、六、七为非对称线骨格，左右控制点数目各为1，控制点移动变化情况复杂，结果多样，因此这三类线状骨格及所属的形态线骨格和角度线骨格存在13种纵比例线骨格。如图2-42至图2-55所示为不同形态线骨格或角度线骨格对应的纵比例线骨格符号及图形表达式。由于篇幅限制，本节仅绘制部分纵比例线骨格符号及图形表达式以示说明。

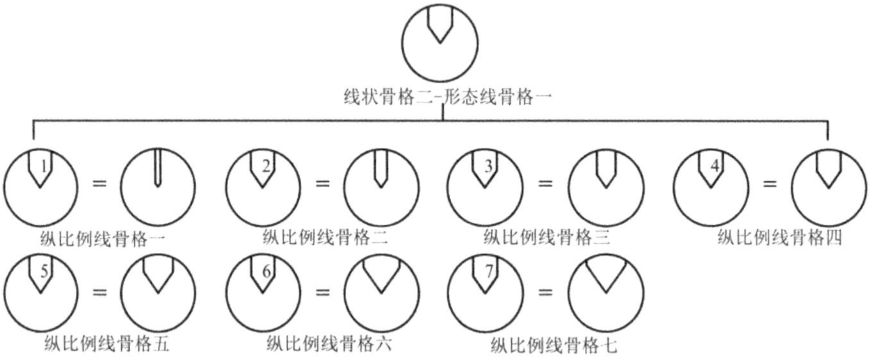

图2-42 线状骨格二的形态线骨格一对应的纵比例线骨格

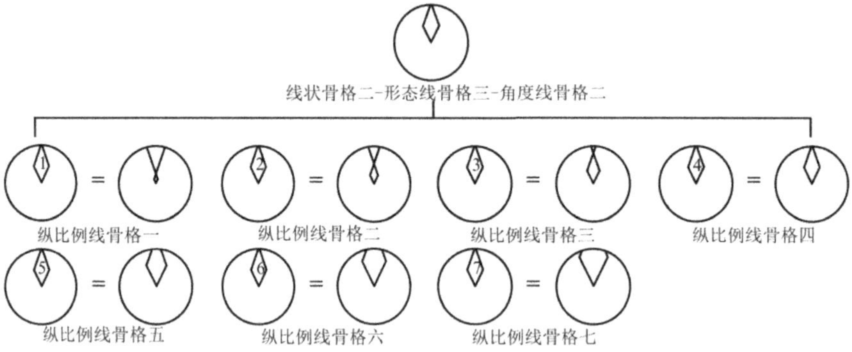

图2-43 线状骨格二的形态线骨格三的角度线骨格二对应的纵比例线骨格

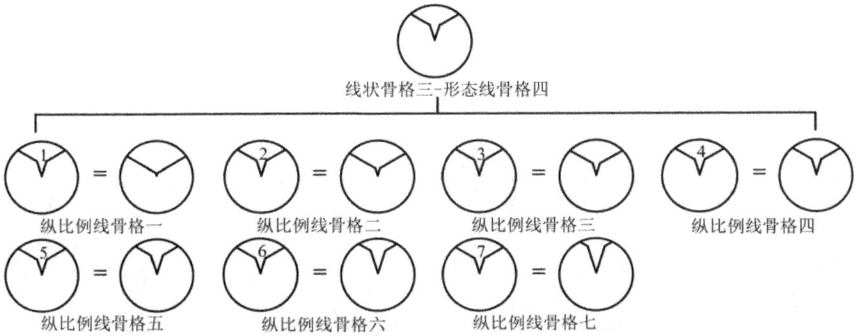

图2-44 线状骨格三的形态线骨格四对应的纵比例线骨格

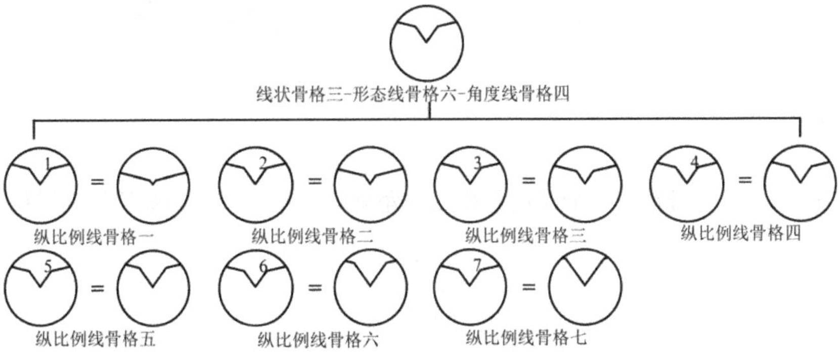

图2-45 线状骨格三的形态线骨格六的角度线骨格四对应的纵比例线骨格

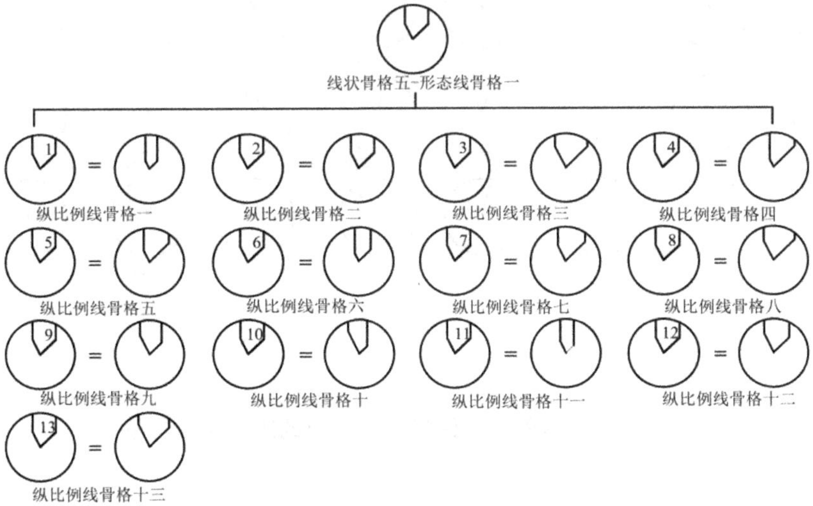

图2-46 线状骨格五的形态线骨格一对应的纵比例线骨格

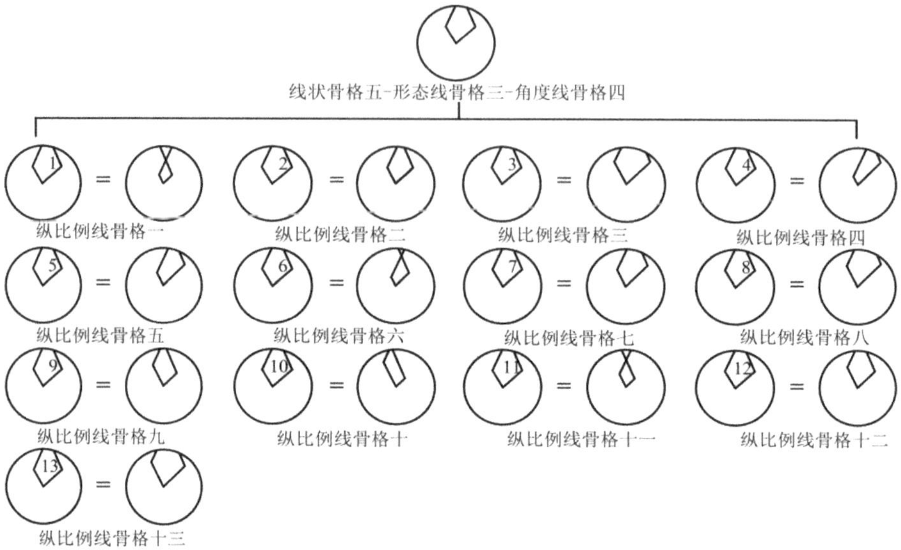

图2-47 线状骨格五的形态线骨格三的角度线骨格四对应的纵比例线骨格

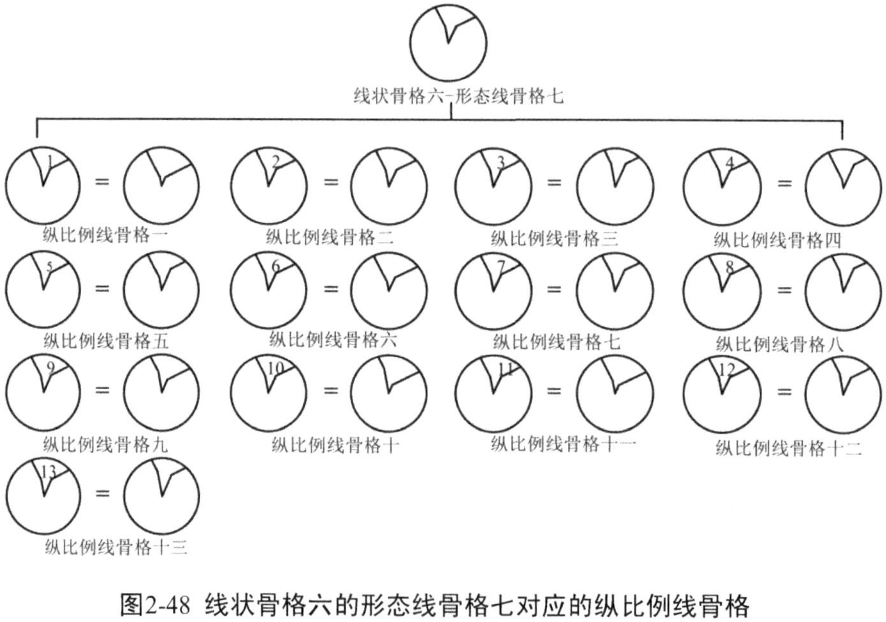

图2-48 线状骨格六的形态线骨格七对应的纵比例线骨格

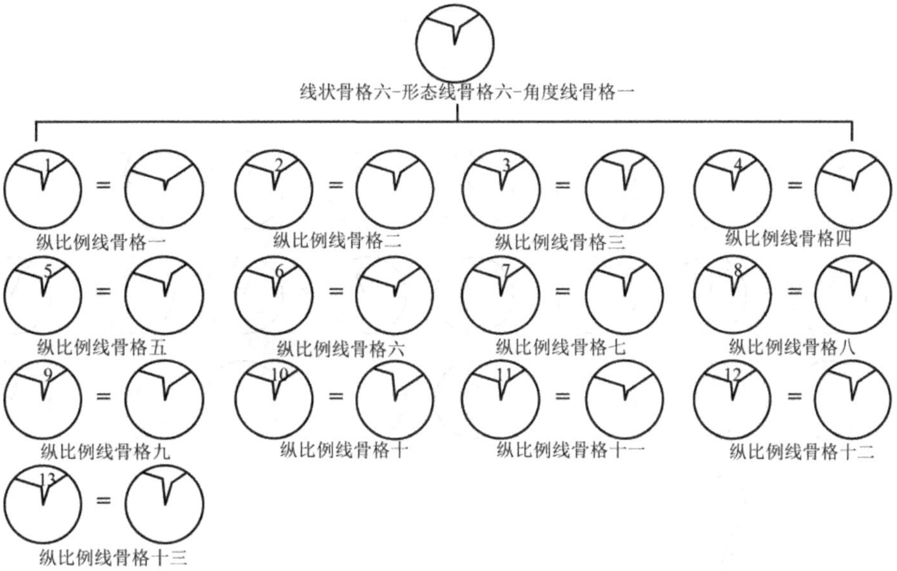

图2-49　线状骨格六的形态线骨格六的角度线骨格一对应的纵比例线骨格

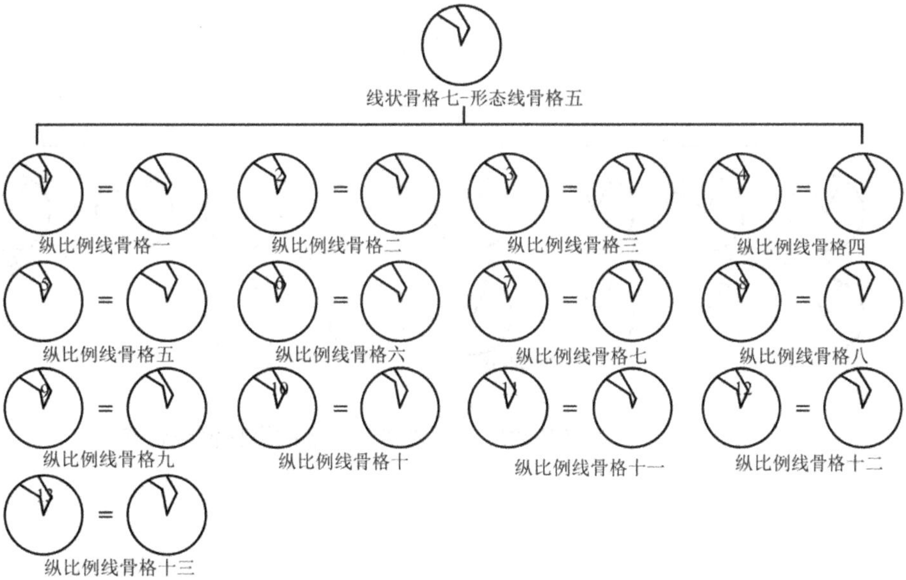

图2-50　线状骨格七的形态线骨格五对应的纵比例线骨格

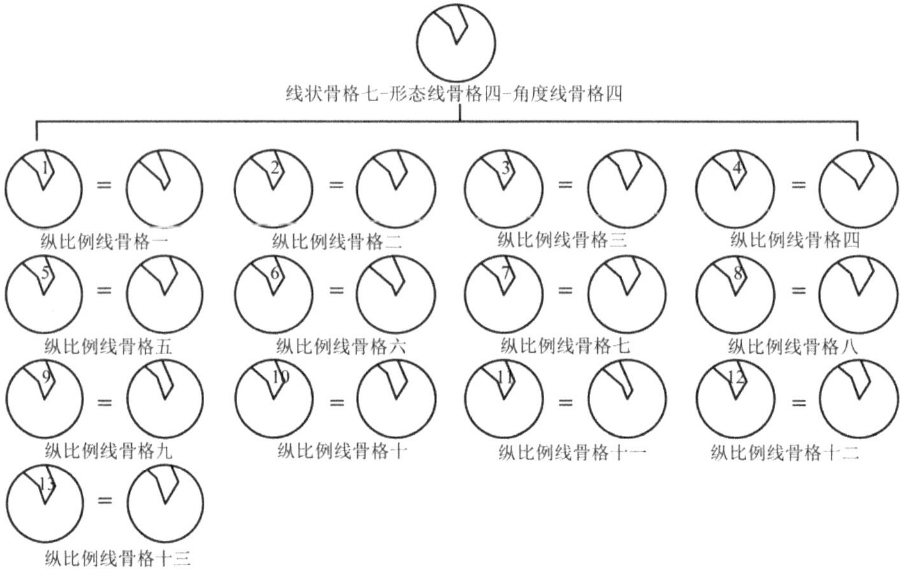

图2-51 线状骨格七的形态线骨格四的角度线骨格四对应的纵比例线骨格

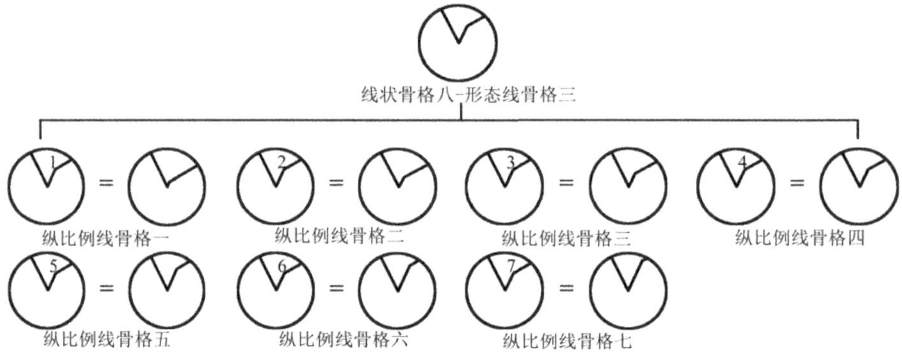

图2-52 线状骨格八的形态线骨格三对应的纵比例线骨格

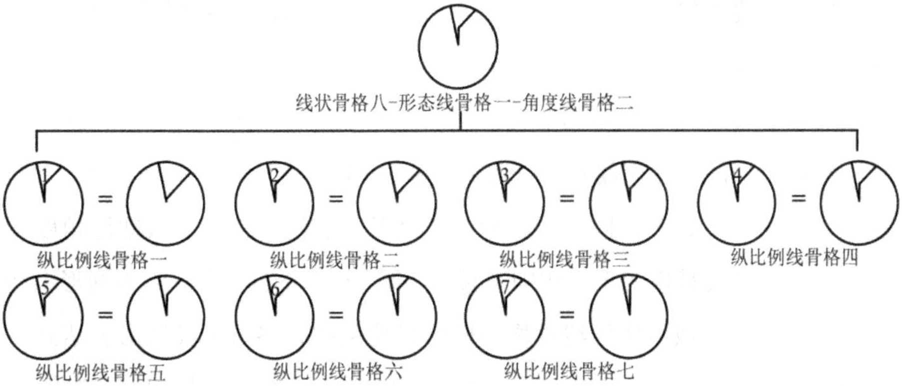

图2-53 线状骨格八的形态线骨格一的角度线骨格二对应的纵比例线骨格

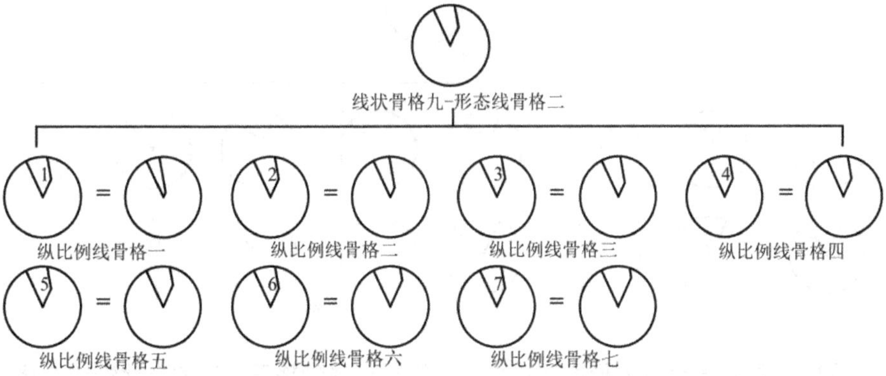

图2-54 线状骨格九的形态线骨格二对应的纵比例线骨格

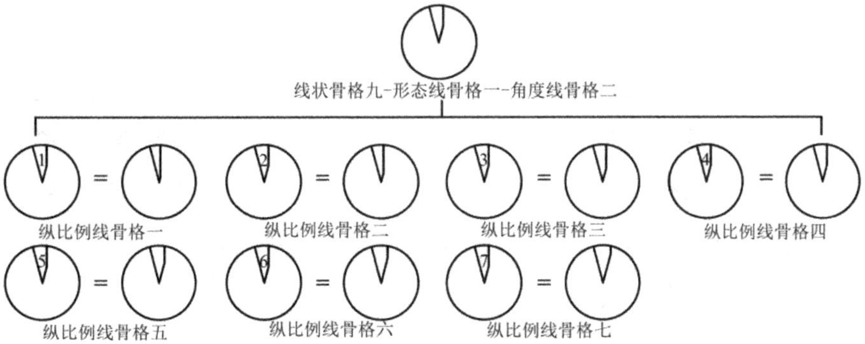

图2-55 线状骨格九的形态线骨格一的角度线骨格二对应的纵比例线骨格

横比例线骨格通过引导控制点横向变化从而影响V形曲线的变形。横比例线骨格被划分为7个度以代表同一骨格的7种V形曲线控制点横向变形结果。其中仅有线状骨格八、九及其变形产生的形态线骨格，角度线骨格和纵比例线骨格存在对应的横比例线骨格，可通过横比例线骨格进行进一步的形态调整；线状骨格一、二、三、四、五、六、七及其形态线骨格可直接通过角度线骨格达到横比例线骨格变形的相同结果。如图2-56至图2-61所示为不同形态线骨格、角度线骨格或纵比例线骨格对应的横比例线骨格符号及图形表达式。由于篇幅限制，本节仅绘制部分横比例线骨格符号及图形表达式以示说明。

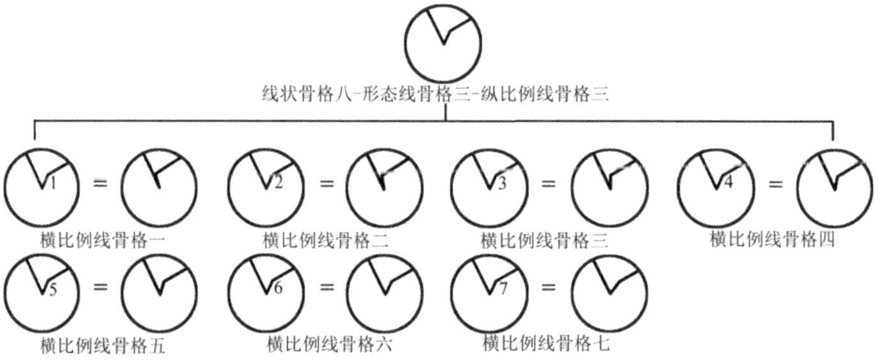

图2-56 线状骨格八的形态线骨格三的纵比例线骨格三对应的横比例线骨格

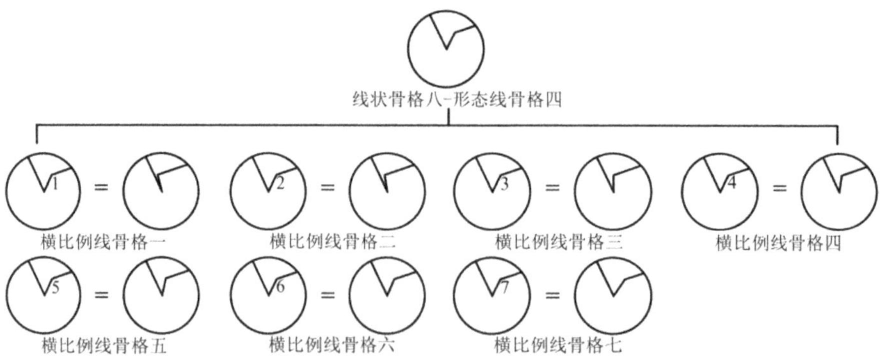

图2-57 线状骨格八的形态线骨格四对应的横比例线骨格

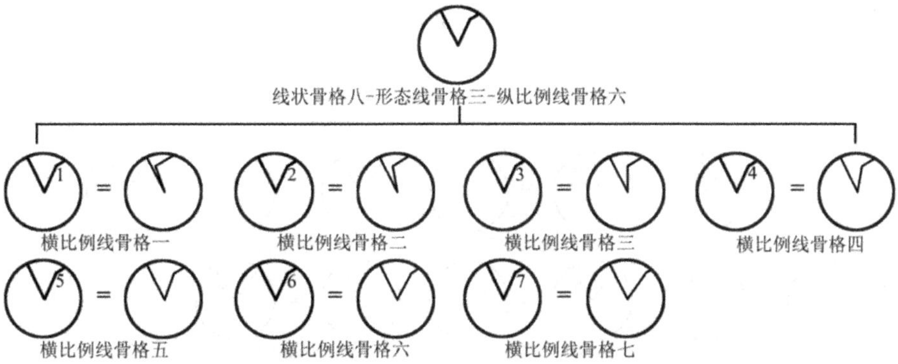

图2-58 线状骨格八的形态线骨格三的纵比例线骨格六对应的横比例线骨格

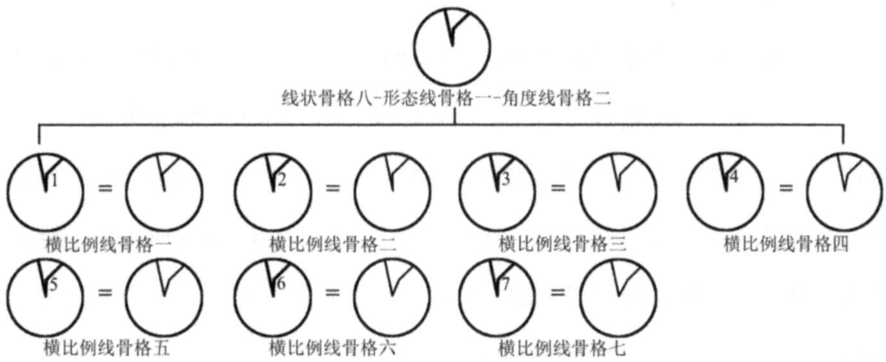

图2-59 线状骨格八的形态线骨格一的角度线骨格二对应的横比例线骨格

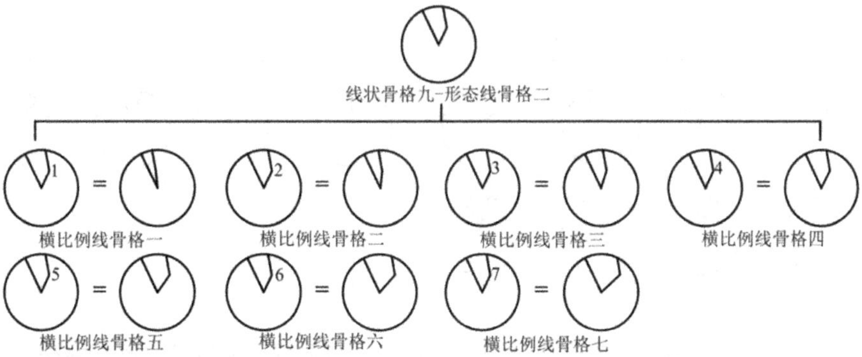

图2-60 线状骨格九的形态线骨格二对应的横比例线骨格

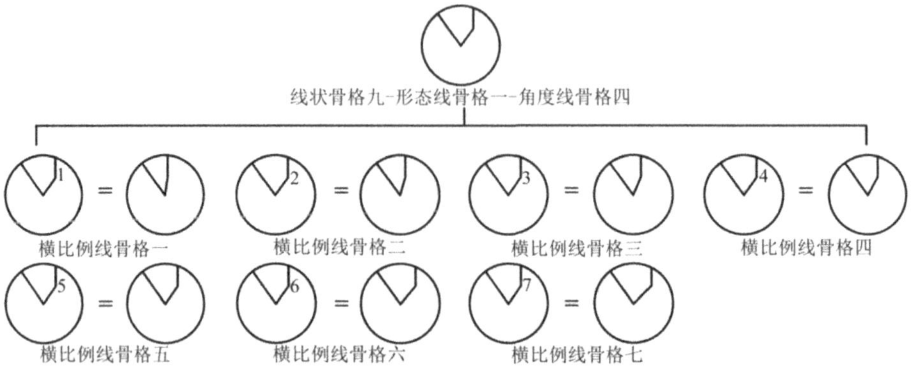

图2-61 线状骨格九的形态线骨格一的角度线骨格四对应的横比例线骨格

（4）旋转线骨格

旋转线骨格表达轮毂旋转中心和转动特征，V形曲线顺时针或逆时针旋转一定的角度，引发轮毂形态变化。旋转线骨格一体现以圆心为旋转中心顺时针和逆时针旋转；旋转线骨格二体现V形曲线与中心线成一定的夹角顺时针和逆时针旋转；旋转线骨格三体现V形曲线沿中心线镜像形态变化特征。以线状骨格八的形态线骨格一的角度线骨格三为例，绘制了对应的旋转线骨格符号及图形表达式，如图2-62所示。

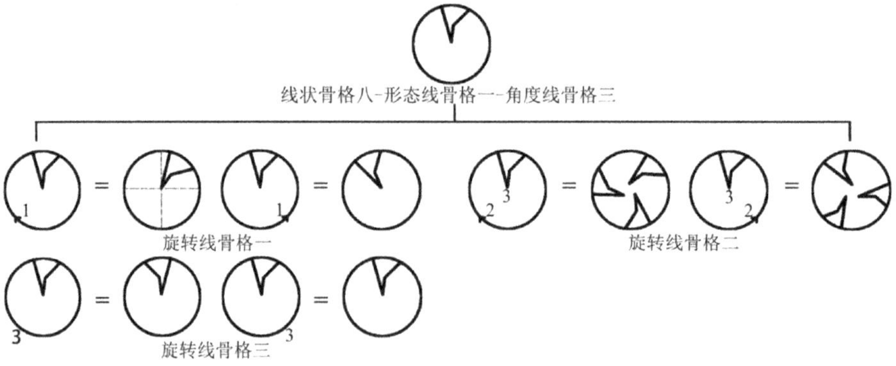

图2-62 线状骨格八的形态线骨格一的角度线骨格三对应的旋转线骨格

旋转线骨格一与旋转线骨格二不可同时影响V形曲线变形，旋转线骨格三可与旋转线骨格一、二其中之一共同作用改变V形曲线形态。线状骨格一可通过旋转线骨格二变形得到线状骨格四。

在形态线骨格、角度线骨格、纵比例线骨格、横比例线骨格和旋转线骨格符号图形表达式中，序号的位置对应着骨格线的类型，序号数字的变换代表骨格线形态的变化。通过改变序号的位置及数字，引导骨格线及其形态变换，在多种线骨格的共同作用下，最终影响V形曲线整体变形。图2-63所示为线状骨格各个部位的序号及其代表意义。

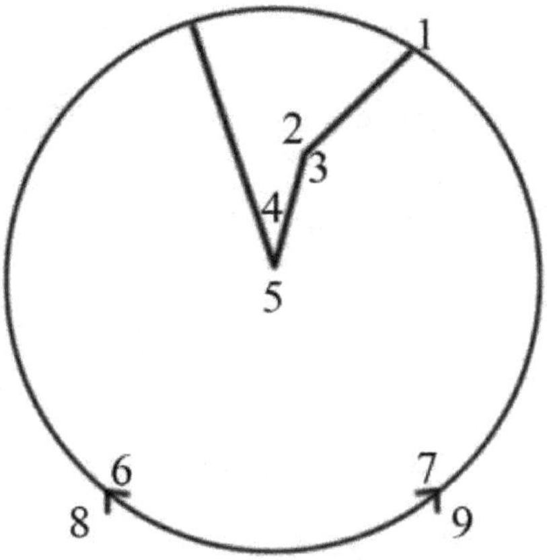

图2-63 线状骨格序号特征

①对应形态线骨格：代表控制折线斜率，不同的序号代表折线不同的形态变化；②对应纵比例线骨格：代表控制点纵向移动，序号变化控制点位置随之变化；③对应横比例线骨格：代表控制点横向移动，序号变化控制点位置随之变化；④对应角度线骨格：控制V形曲线的夹角变化，不同的序号代表不同的角度；⑤代表轮辐数，最小为3辐；⑥⑦对应旋转线骨格一、二：代表轮辐的旋转中心；⑧⑨对应旋转线骨格三：代表V形曲线沿中心线镜像旋转方向；←左箭头表示旋转方向为顺时针；→右箭头表示旋转方向为逆时针。

表达轮辐面积大小特征的骨格称为面状骨格，每个线状骨格都有多个不同的面状骨格。面状骨格仅体现轮辐面积特征，不随线骨格的变化而变化，线状骨格下属的形态线骨格、角度线骨格、比例线骨格和旋转线骨格均对应其线状骨格的面状骨格。面状骨格被划分为6个度以代表6种常见的轮辐面积的大小。如图2-64至图2-71所示为线状骨格一至线状骨格九的面状骨格，其中线状骨格四的面状骨格与线状骨格一的面积特征相同，在此不作绘制。

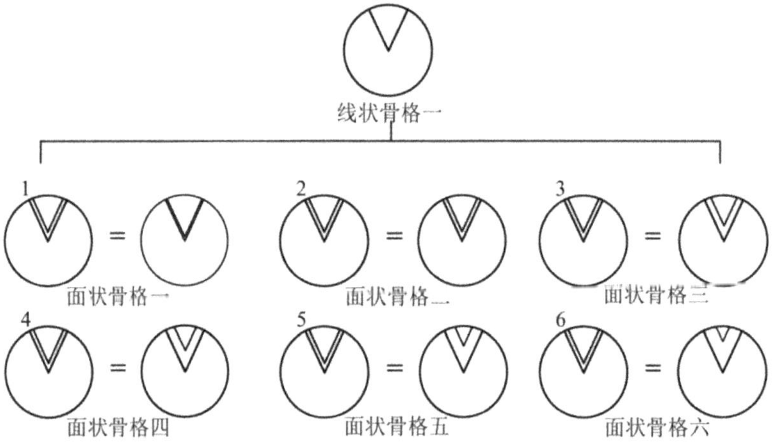

图2-64 线状骨格一对应的面状骨格

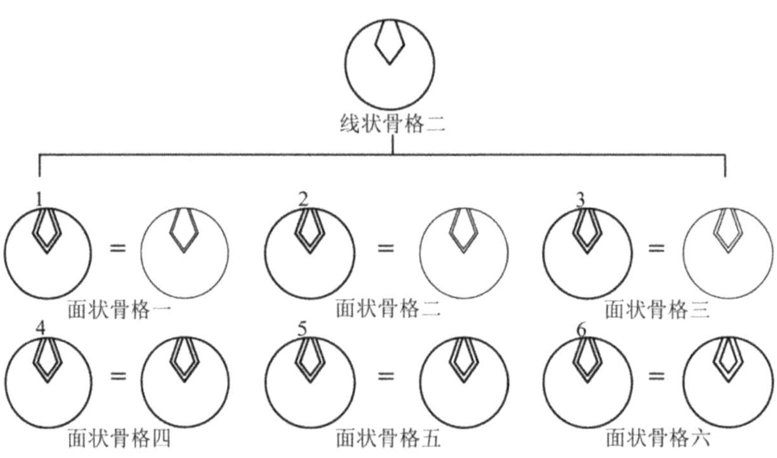

图2-65 线状骨格二对应的面状骨格

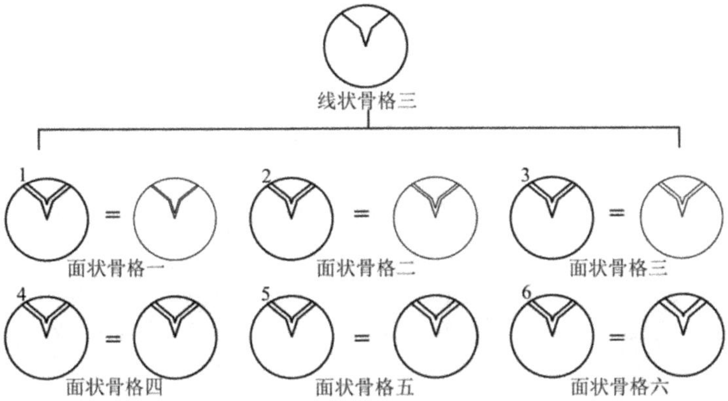

图2-66 线状骨格三对应的面状骨格

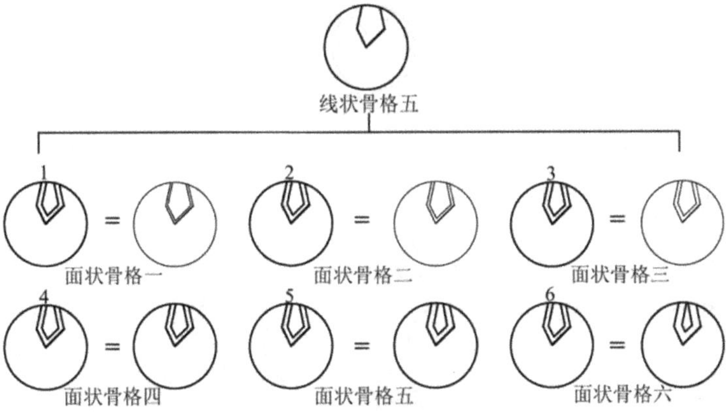

图2-67 线状骨格五对应的面状骨格

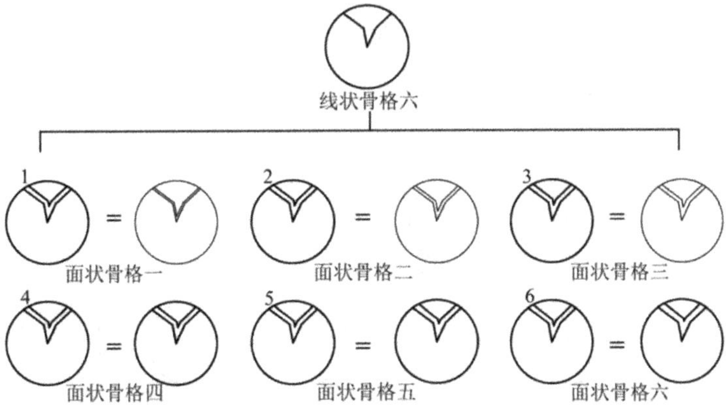

图2-68 线状骨格六对应的面状骨格

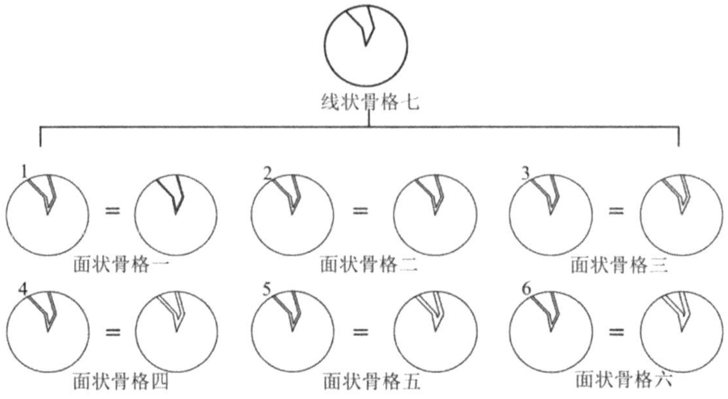

图2-69 线状骨格七对应的面状骨格

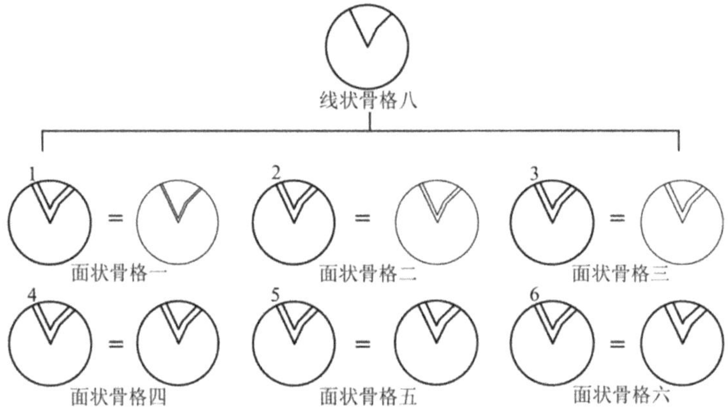

图2-70 线状骨格八对应的面状骨格

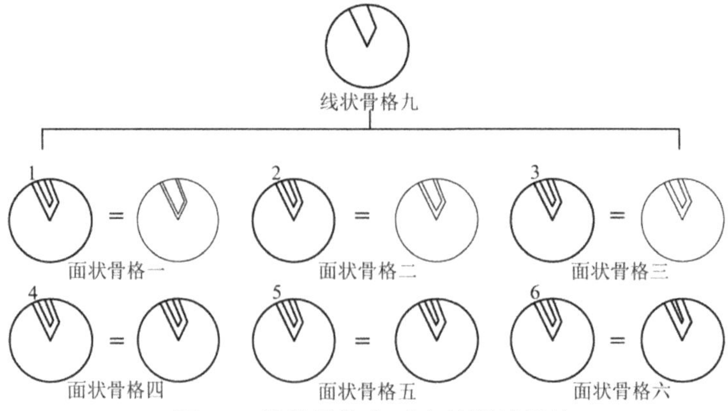

图2-71 线状骨格九对应的面状骨格

比例面骨格是通过调整辐条面积的比例变化使形态发生变化，面积比例变化分为等宽、由细变窄、由窄变宽、一边宽一边窄。将比例面骨格划分为5种和7种变形，以代表同一面状骨格的多种面积比例变化特征。如图2-72至图2-79所示为线状骨格一、二、三、五、六、七、八、九的面状骨格所对应的比例面骨格符号及图形表达式。

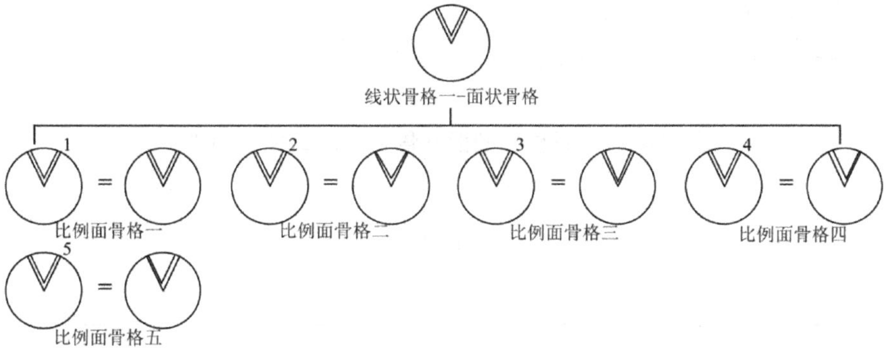

图2-72 线状骨格一的面状骨格对应的比例面骨格

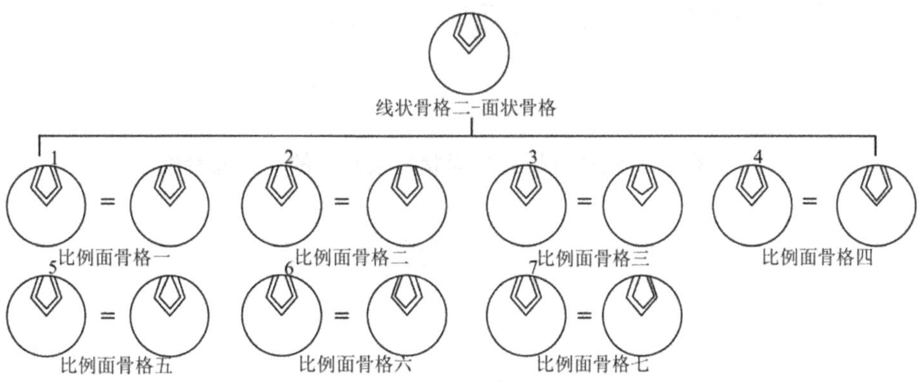

图2-73 线状骨格二的面状骨格对应的比例面骨格

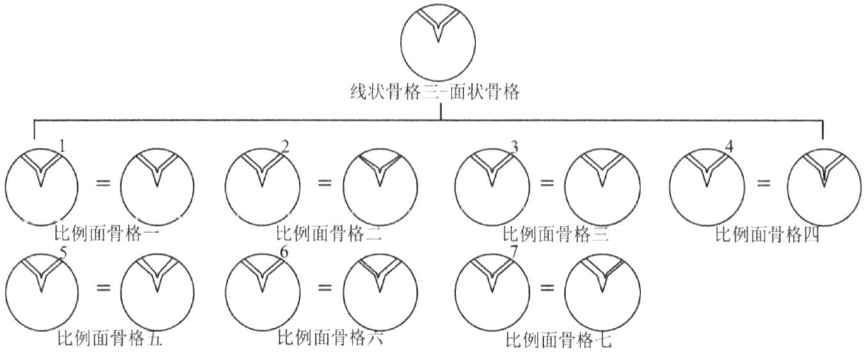

图2-74 线状骨格三的面状骨格对应的比例面骨格

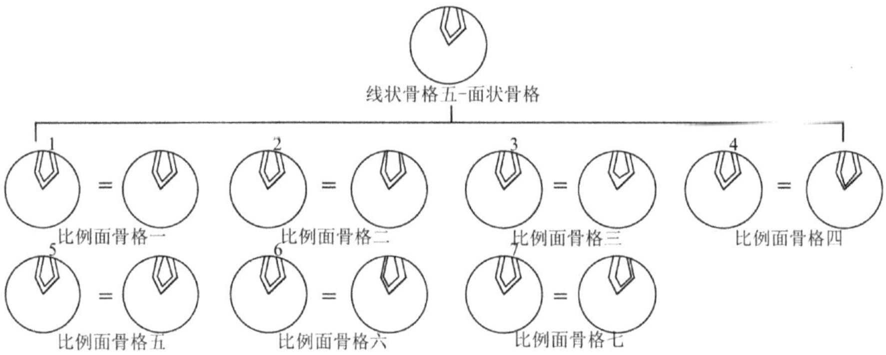

图2-75 线状骨格五的面状骨格对应的比例面骨格

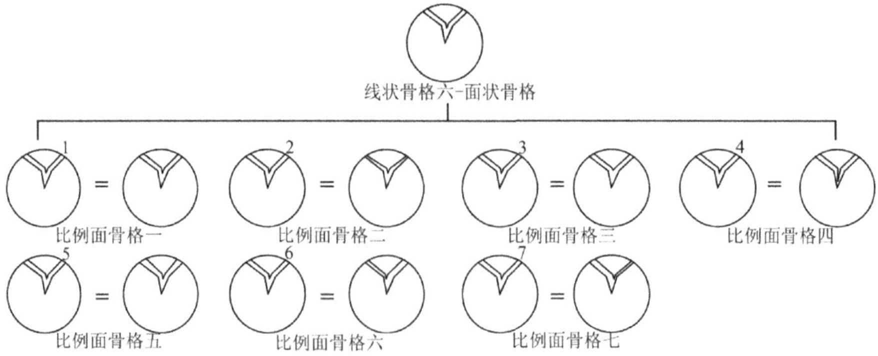

图2-76 线状骨格六的面状骨格对应的比例面骨格

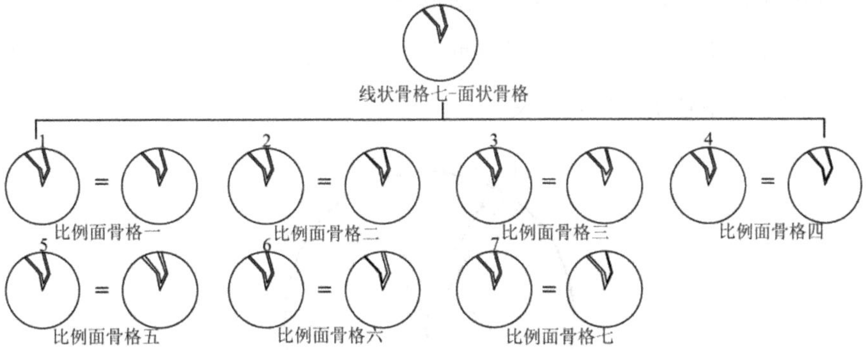

图2-77 线状骨格七的面状骨格对应的比例面骨格

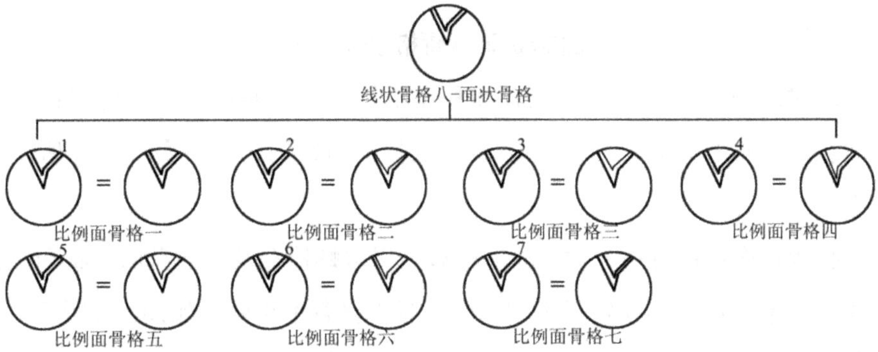

图2-78 线状骨格八的面状骨格对应的比例面骨格

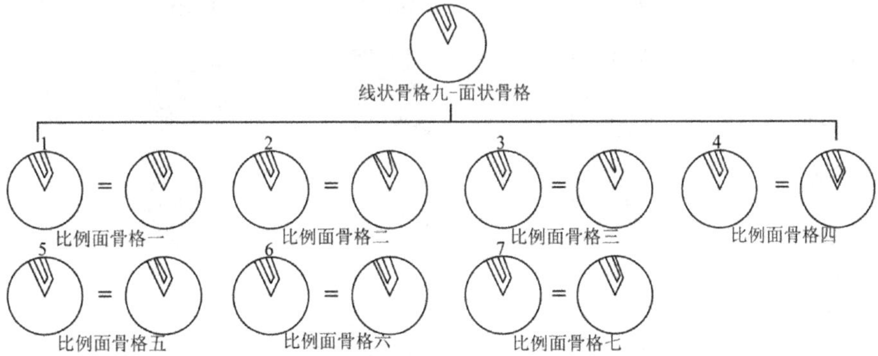

图2-79 线状骨格九的面状骨格对应的比例面骨格

在面状骨格和比例面骨格符号图形表达式中，序号的位置对应面状骨格的类型，序号数字的变换代表骨格面积特征的变化。如图2-80所示为面状骨格各个部位的序号及其代表意义。

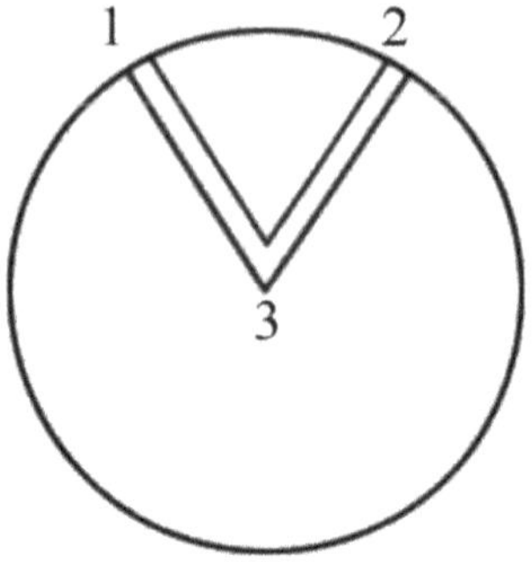

图2-80 面状骨格序号特征

①对应面状骨格：表示轮辐面积宽窄特征；②对应面比例骨格：表示轮辐辐条的面积比例特征。③表示面状骨格与比例面骨格叠加运算所得解的个数。

孔状骨格是针对每一款具体的轮毂，提取螺栓孔及中心盘面形状和位置大小等细节特征。不同轮毂不同品牌孔状骨格各不相同。如图2-81所示为部分轮毂的孔状骨格具体表现形式。

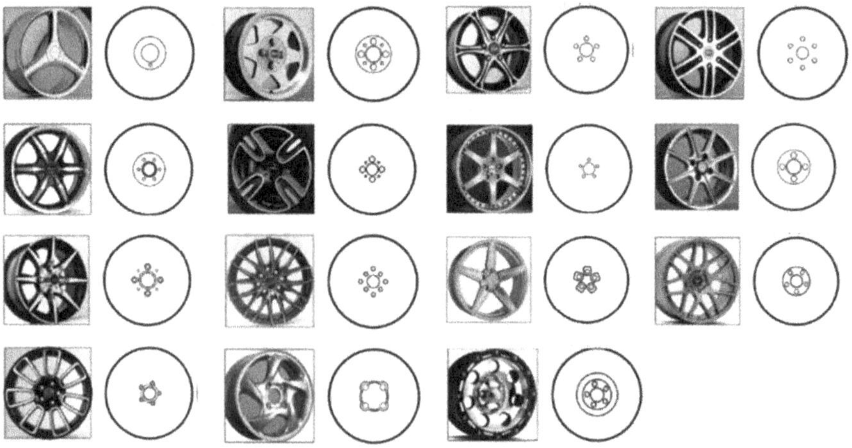

图2-81 孔状骨格

势状骨格体现轮毂侧面片的形式特征，分为平面、内凹、外凹三种骨格形式，如图2-82所示。

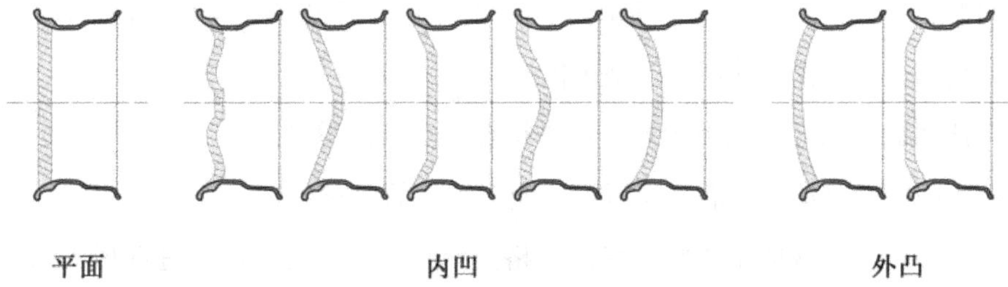

图2-82 势状骨格

异状骨格表达轮毂特殊的轮辐轮廓及局部形状细节特征，每一款轮毂的异状骨格数量和复杂程度各不相同。如图2-83所示为部分轮毂的异状骨格具体表现形式。

图2-83 异状骨格

2.3.2 轮毂V形骨格运算法则

骨格间具有多种关联关系，不同的关联关系决定了骨格间的各种切换与转化，也决定了三维形态相应的各种变化。建立骨格关联关系的过程和规则称为骨格运算。

如果将不同类骨格看作不同的骨格集合，骨格运算则是建立不同骨格集合间的各种映射关系。骨格运算是骨格变换的基础和前提，也是基于V形记忆曲线的形态设计方法产生的基本依据。

骨格运算细分为三类运算：递进运算、叠加运算和组合运算。不同运算对应不同的运算法则，满足获得不同变形结果的要求。

递进运算体现的是线状骨格间骨格变化特征集合之间的递进选择关系。递进运算仅包括形态线骨格、角度线状骨格及比例线骨格间的递进转换。递进运算过程中可出现多级线骨格，但其结果具有唯一性，选择最后一个线骨格为输出结果。轮毂骨格递进运算公式为

$$骨格A_i > 骨格A_n = 骨格A_n \quad (2\text{-}9)$$

同理可得

$$骨格A_i > 骨格A_{i+1} > \cdots > 骨格A_{i+n} = 骨格A_{i+n} \quad (2\text{-}10)$$

骨格A_i、骨格A_n∈{线状骨格}∪{形态线骨格}∪{角度线骨格}∪{比例线谷骨格}

骨格递进运算示意图如图2-84所示。

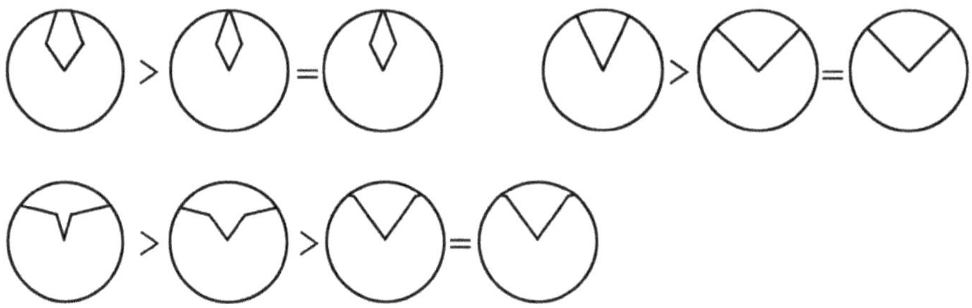

图2-84 骨格递进运算示意图

线骨格符号构成图递进选择顺序为形态线骨格—角度线骨格—纵比例线骨格—横比例线骨格—旋转线骨格三—旋转线骨格一/二。如图2-85 所示为不同线骨格间的递进运算过程及结果。

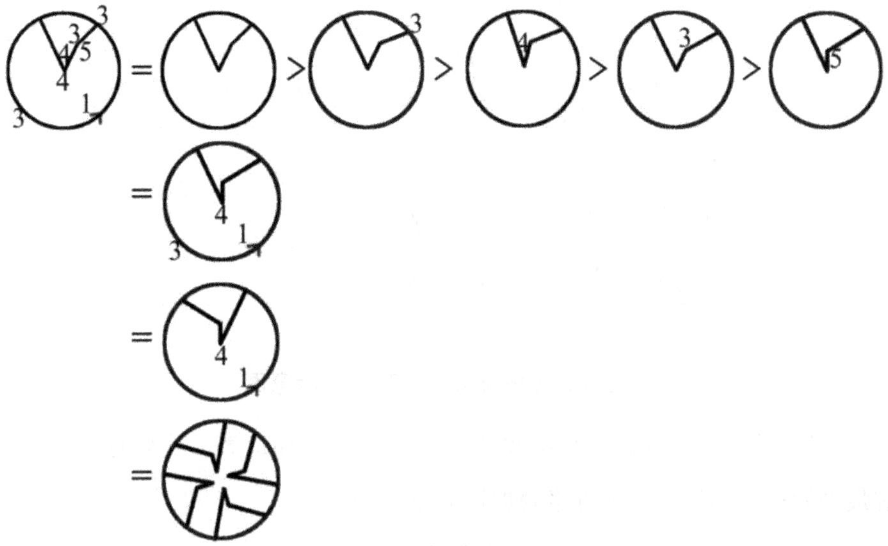

图2-85 递进运算过程及结果

叠加运算体现的是线状骨格、面状骨格、孔状骨格和异状骨格四大类骨格间的合并，叠加运算产生的新骨格被称为合并骨格集合。叠加运算参与骨格最少为一种（即面状骨格间进行叠加运算），最多为四种。同类骨格间仅有线状骨格不发生叠加运算，其余三类骨格同类骨格间均可发生叠加运算。其运算结果为单一解或多个解。比例面骨格①参与运算，结果为唯一解。

轮毂面状骨格叠加运算单一解的运算公式为

$$骨格A_i+骨格A_n=骨格A_i \tag{2-11}$$

骨格A_i∈{面状骨格}，骨格A_n∈{比例面骨格①}

骨格叠加运算唯一解示意图如图2-86所示。

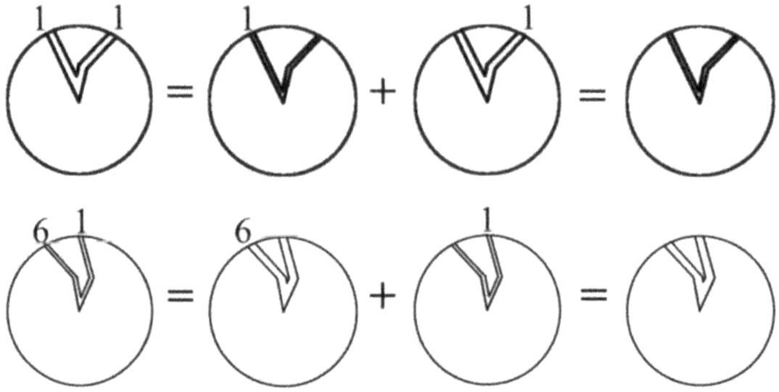

图2-86 骨格叠加运算唯一解示意图

面状骨格与除比例面骨格①以外的骨格进行叠加运算，获得的合并骨格解最少为3，最多为5。其骨格叠加运算公式为

$$骨格A_i+骨格A_n=合并骨格B_k \tag{2-12}$$

骨格A_i∈{面状骨格}，骨格A_n∉{比例面骨格①}，骨格B_k∈{合并骨格}

如图2-87所示为面骨格间的叠加运算过程及结果示意图。

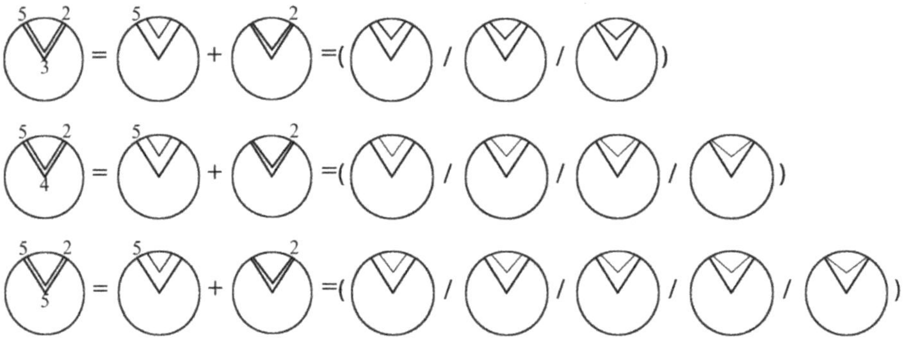

图2-87 面状骨格叠加运算过程

轮毂二类骨格叠加运算公式为

$$骨格A_i+骨格B_i=合并骨格C_i \tag{2-13}$$

骨格A_i∈{线状骨格}，骨格B_i∈{面状骨格}，合并骨格C_i∈{合并骨格集合}

图2-88为二类骨格叠加运算过程及结果示意图。

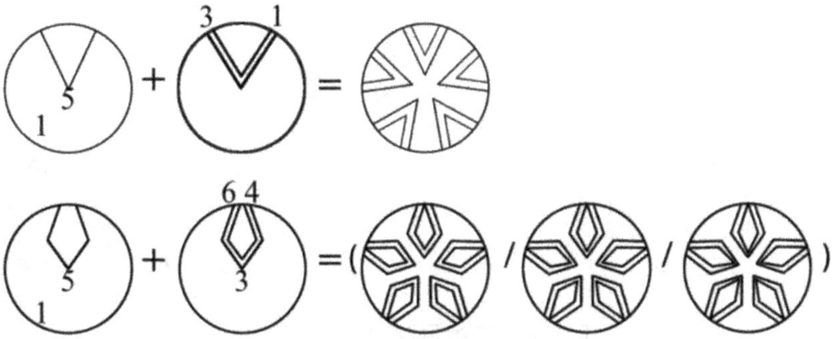

图2-88 二类骨格叠加运算

轮毂三类骨格叠加运算公式为

$$骨格A_i+骨格B_i+骨格C_i=合并骨格D_i \tag{2-14}$$

骨格A_i、骨格B_i、骨格C_i∈{轮毂四大类骨格}，合并骨格D_i∈{合并骨格集合}

当骨格A_i∈{线状骨格}、骨格B_i∈{面状骨格}、骨格C_i∈{孔状骨格}时，三类骨格叠加运算示意图如图2-89所示。

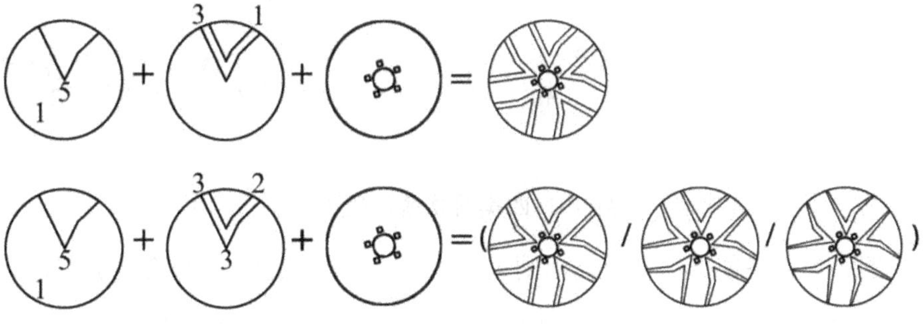

图2-89 三类骨格叠加运算

当骨格A_i∈{线状骨格}、骨格B_i∈{面状骨格}、骨格C_i∈{异状骨格}时，三类骨格叠加运算示意图如图2-90所示。

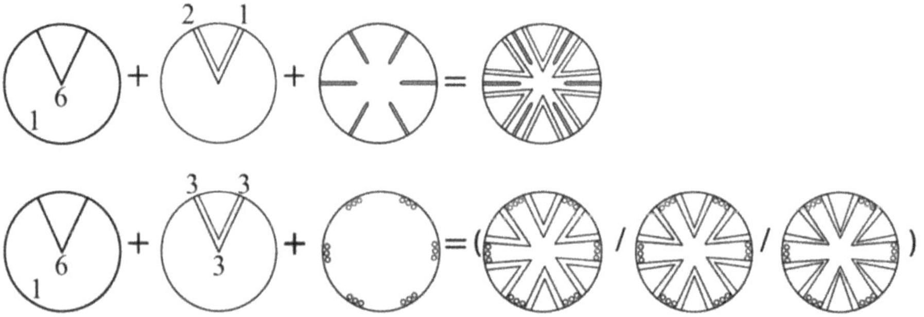

图2-90 三类骨格叠加运算

轮毂四类骨格叠加运算公式为

$$骨格A_i+骨格B_i+骨格C_i+骨格D_i=合并骨格E_i \quad (2\text{-}15)$$

骨格A_i∈{线状骨格}、骨格B_i∈{面状骨格}、骨格C_i∈{异状骨格}、骨格D_i∈{孔状骨格}、合并骨格E_i∈{合并骨格集合}

图2-91为四类骨格叠加运算过程及结果示意图。

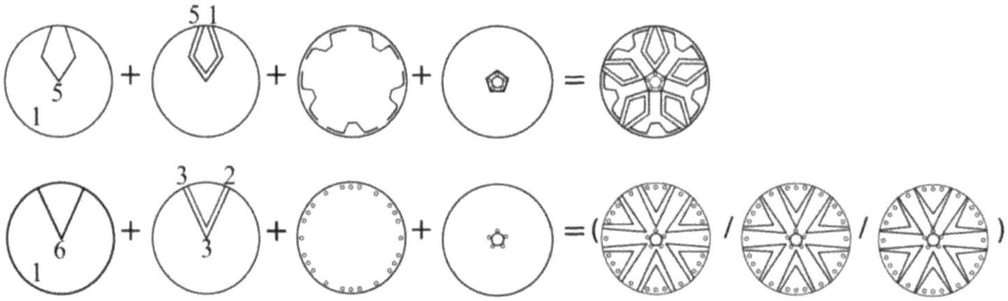

图2-91 四类骨格叠加运算

四大类骨格依据两种运算法则进行骨格运算的过程称为组合运算。组合运算获得的骨格称为组合骨格。图2-92为某五辐轮毂组合骨格获得过程。

组合运算过程首先运算线状骨格，即线状骨格一递进为角度线骨格四，线状骨格递进运算结束得出结果，然后开始面状骨格叠加运算，即面状骨格与比例面骨格的叠加运算。面状骨格与比例面骨格叠加过程中产生多个解时，需从中选择目标解，继续进行运算，此符号“▲”表示“所选择的目标解”。获得目标解后，将线状骨格、面状骨格、异状骨格、孔状骨格四大类骨格依次叠加得到最终结果，即组合骨格。

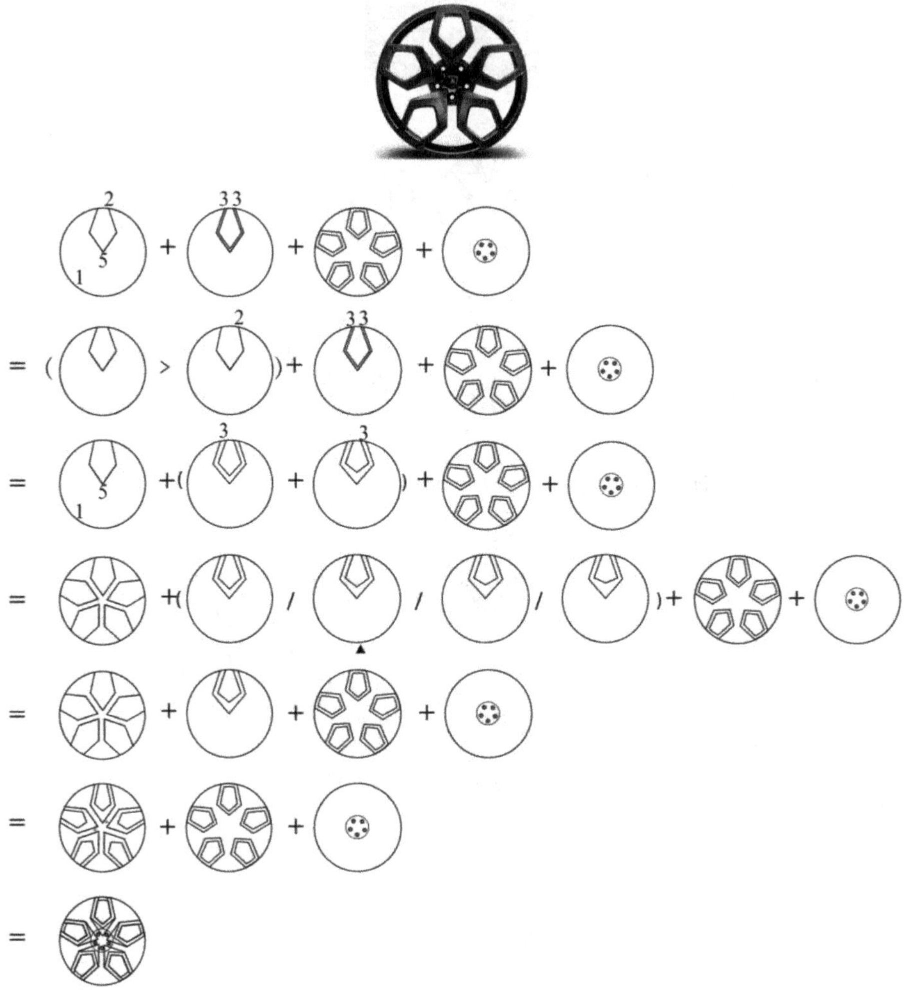

图2-92 某五辐轮毂骨格组合运算获得过程

图2-93和图2-94分别为相对应的轮毂骨格组合运算过程及所获得的组合骨格结果。

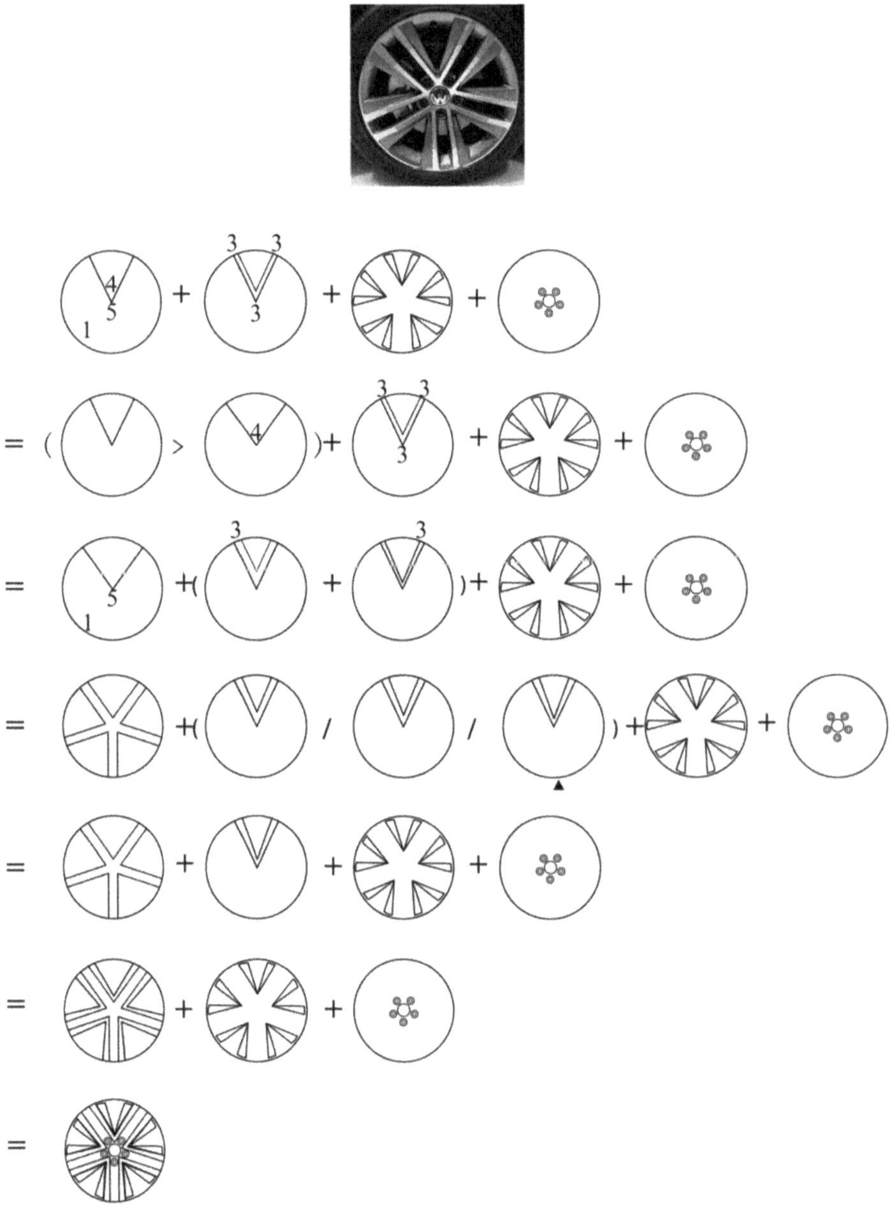

图2-93 某轮毂骨格组合运算获得过程

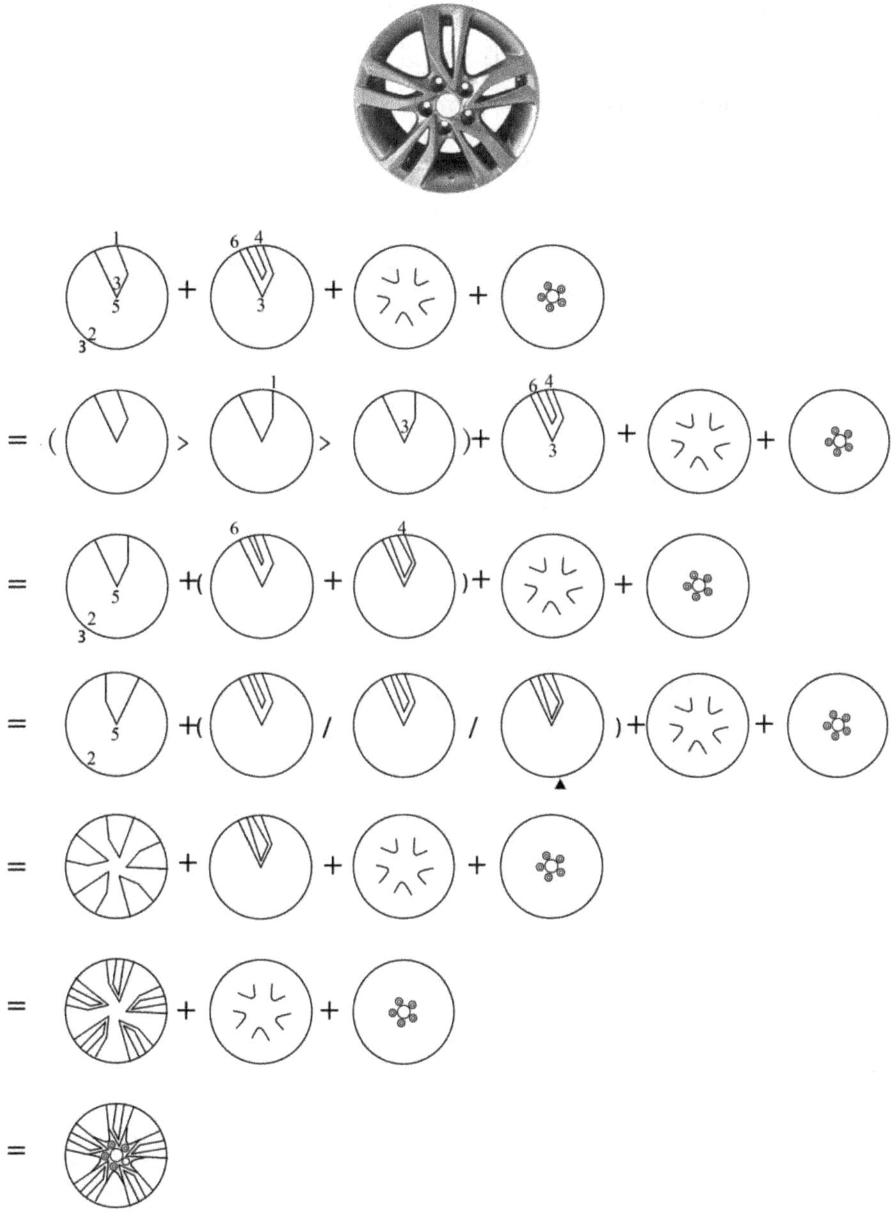

图2-94 某轮毂骨格组合运算获得过程

骨格组合运算顺序规定为：

（1）先分解线状骨格，再分解面状骨格。

（2）先做递进运算，当线状骨格递进运算结束，再进行面状骨格的叠加运算，最后再做异类骨格间的组合运算。

（3）有括号的算式里，先做括号内的运算。

2.4 V形记忆曲线形态设计法的实现

世界知名轮毂品牌如Breyton、TWG、BBS、OZ、Forgiato等都有自己的典型V形曲线遗传基因，作为品牌塑造、识别和延续品牌形象的载体。图2-95为Forgiato轮毂Exotic和Monoleggera Sport两款系的V形记忆曲线——“开叉”造型基因表征。

图2-95 Forgiato轮毂Exotic和Sport两款系的“开叉”造型基因表征

本书仅以德国轮毂品牌Breyton为代表进行轮毂造型基因提取与形态分析，其他品牌可根据本书所述方法进行推演。Breyton成立于1992年，是四大宝马改装品牌中最特别和最年轻的品牌之一，也是德国最成功的改装厂之一。后来Breyton将业务扩展到轮毂设计产业，其轮毂以精巧的设计及独特的风格在业界享有盛誉。

作为一家设计公司，Breyton始终坚持其设计理念，内敛、细节的原则一直贯穿着Breyton的所有作品。就轮毂设计而言，Breyton的轮圈以“细”见长，与其他品牌相比，虽然Breyton轮圈尺寸非常大，但它辐条更加细长，安装孔位周边的条辐聚合位也特别细。因此“又细又长”的轮毂造型成为Breyton独有的品牌特征，同时，使Breyton的轮毂看起来更加精细而高档。

对Breyton品牌轮毂形态进行分析研究，归纳其轮毂造型特征。首先，通过网络资源浏览Breyton品牌官方网站获取该品牌所有轮毂图片。将轮毂的正面视图作为轮毂造型特征的主要识别视角，把获取的图片通过Photoshop软件的裁剪功能及钢笔抠图工具，对轮毂图片进行大小一致化和轮毂边缘轮廓线的处理，删除掉轮毂背景、阴影等干扰因素，得到纯色背景下的轮毂正视图片。图2-96为14款Breyton轮毂所有系列的轮毂图片。

图2-96 经过处理的Breyton品牌轮毂图片

然后把轮毂图片导入Photoshop软件平台中，使导入图片作为背景，使用曲线绘制工具，人工绘制每款轮毂的V形特征轮廓线，把轮毂造型要素通过简单的图形使形态符号化，即V形特征线。再将轮毂图片与绘制的V形特征轮廓线一一对应排列，同时把Breyton品牌轮毂的型号、轮辐数、V形对称性及V形线性等信息进行归纳和总结，如图2-97所示。

型号	GTSR-PF	Race GTP	Race GTS	Race GTS 2	Race GTSR	Race LS	Race LS 2
轮毂图及V形特征线							
V形面积比例特征	 由细变粗	由细变粗	由细变粗	由细变粗	由细变粗	等宽	由粗变细
轮辐数	7辐	7辐	7辐	7辐	7辐	10辐	10辐
对称性	对称	对称	对称	对称	对称	对称	对称
V形线性	基本形	基本形	基本形	基本形	基本形	基本形	基本形
型号	Spirit II	Spirit II 23	Spirit R	Spirit RS	Fascinate	Topas	Magic CW
轮毂图及V形特征线							
V形面积比例特征	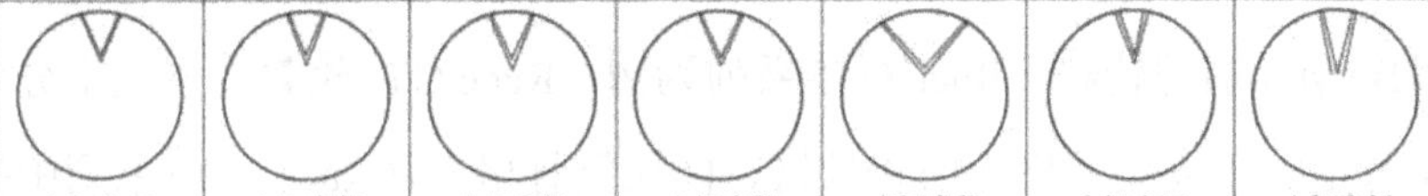 由细变粗	由细变粗	由细变粗	由细变粗	由细变粗	由粗变细	由细变粗
轮辐数	10辐	10辐	10辐	10辐	5辐	10辐	15辐
对称性	对称	对称	对称	对称	对称	非对称	对称
V形线性	基本形	基本形	基本形	基本形	基本形	基本形	基本形

图2-97 Breyton轮毂特征系信息总结

由图2-97可知，通过绘制以上14款轮毂的V形特征线和V形面积比例特征图，以及V形线信息的整理，我们可以清楚地发现Breyton品牌所有轮毂V形线均为V形基本形，V形线对称性不同，分为轴对称形与非轴对称形，14款轮毂中Topas系列轮毂形态特征为V形非轴对称，其余13款均为V形轴对称；在轮毂V形面积特征方面，轮毂辐条呈“又细又长”的特点，辐条的面积大部分呈“由细变粗”或“由粗变细”的变化趋势。以上特征即为Breyton品牌轮毂特有的造型基因，存在于所有轮毂形态中共有的品牌特点。结合图2-97信息内容可以看出以上14款轮毂可分为五个不同的系列，其中GTSR-PF、Race GTP、Race GTS、Race GTS2、Race GTSR为同一系列，V形线为基本形，V形线角度及V形面积大小相似，V形面积均呈“由细变粗”的变化趋势，轮辐数均为7辐；

Race LS与Race LS2为同一系列，轮辐数均为10辐，V形面积比例变化趋势却不同，Race LS的V形面积上下等宽，Race LS2的V形面积呈“由粗变细”的变化趋势；Spirit II、Spirit II23、Spirit R、Spirit RS为同一系列，V形线角度及V形面积大小相似，V形面积呈“由细变粗”的变化趋势，轮辐数均为10辐；Fascinate、Topas以及Magic CW各自单独为一系列，V形线为基本和“由细变粗”的面积比例变化为三者的相同点，其余特征各不相同。Fascinate为5辐轮毂；Topas的V形线为非对称基本形；Magic CW的V形线特征相比其余13款轮毂呈相对隐性状态，轮辐数按其单个辐条数分为15辐轮毂。

Breyton品牌轮毂中Race GTS和Race GTS2为同一系列的两款不同轮毂，其共性特征都为V形曲线对称基本形，辐条面积为由细变粗型，辐数均为7辐。以Breyton品牌轮毂中Race GTS系列为例，Race GTS轮毂造型元素分别对应线状骨格、角度线骨格、面状骨格、面比例骨格及从Race GTS系列中提取的独特的孔状骨格和异状骨格。将四类骨格进行组合运算，得到Race GTS轮毂造型，如图2-98所示。

运用V形记忆曲线理论的轮毂形态衍生设计方法，通过改变V形记忆曲线的特征及进行局部调整，可以高效、快速地设计出具有相同品牌特征的不同形态的轮毂造型，图2-99为Breyton品牌中Fascinate系列的衍生设计过程及结果。

Fascinate 2作为Fascinate轮毂的衍生设计，在保留原始特征的基础上，对V形曲线的夹角度数略微调整，V形面积比例由原始的“由细变粗”改为“由粗变细”，继承了Fascinate轮毂的异状骨格，不同的是Fascainte的异状骨格面积由上至下存在“由粗变细”的变化趋势，Fascinate 2的异状骨格面积调整为上下等宽，同时保留了原始的孔状骨格。

Breyton　Race GTS系列

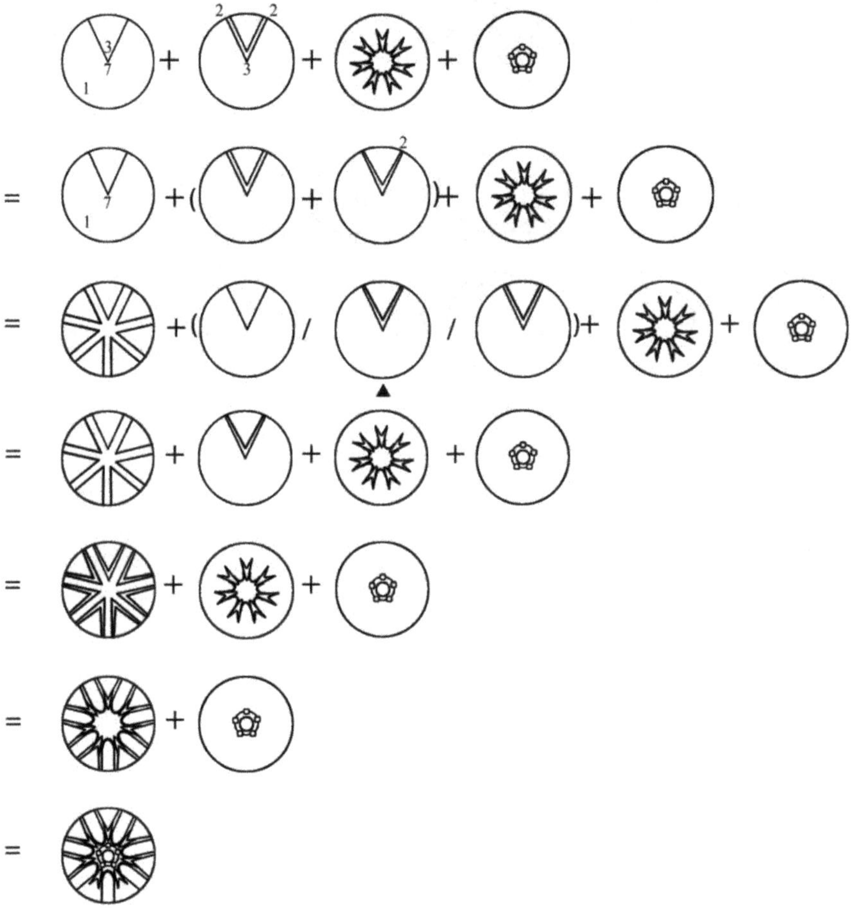

图2-98 Breyton Race GTS轮毂获得过程

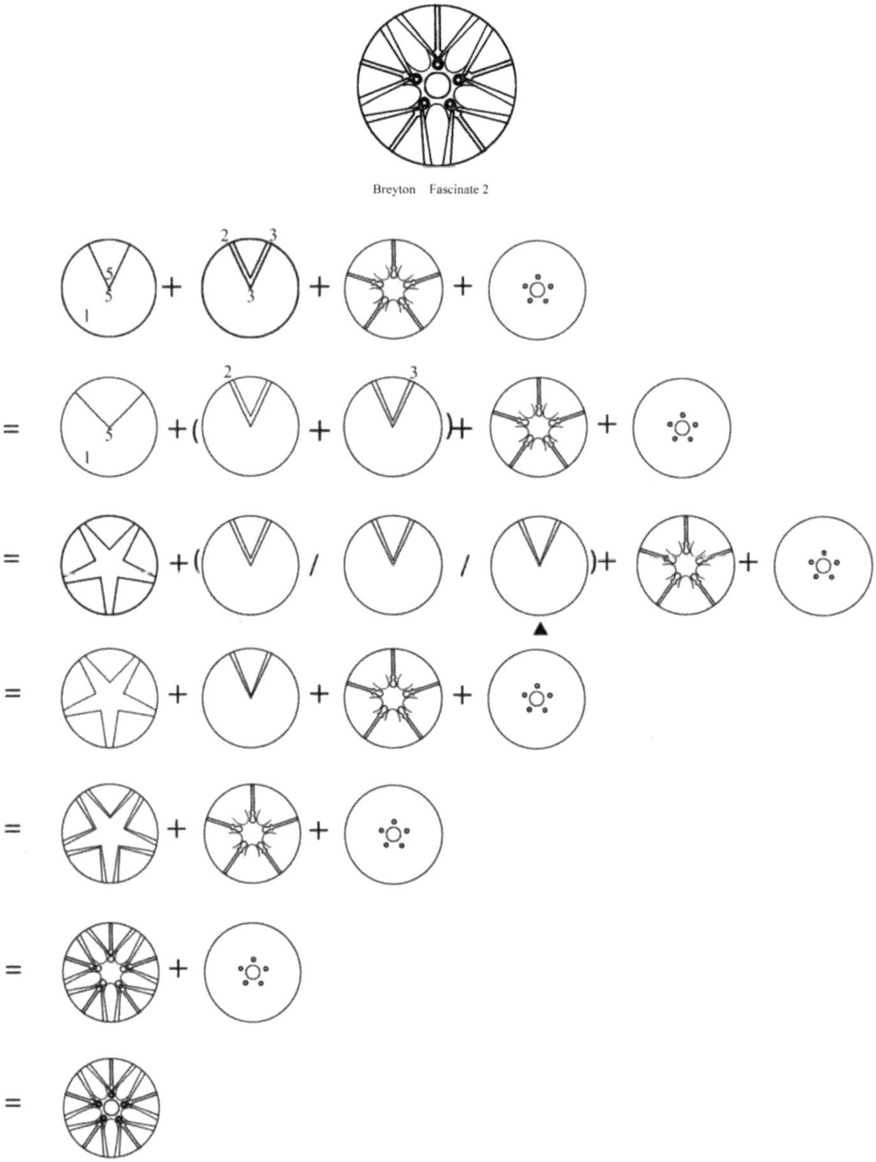

图2-99 Breyton Fascinate 2轮毂衍生设计获得过程及结果

运用V形记忆曲线形态设计法对Breyton Fascinate轮毂完成骨格线的形态变化后，得到Fascinate衍生轮毂Fascinate 2的骨格正面造型，确定后，选择轮毂侧面片形状及轮缘的搭接方式确定轮毂侧面造型，最后通过三维建模软件生成模型。图2-100为Fascinate 2轮毂正面模型效果图。

图2-100 Breyton Fascinate 2轮毂衍生设计正面模型效果图

从轮毂衍生设计的作品可以看出，基于V形记忆曲线运算的轮毂造型设计，对于轮毂品牌特征的延续起到了非常积极的作用。

第3章　基于感性工学的轮毂风格认知差异研究

在新型市场经济体制下，企业由大规模生产向大规模定制以至于个性化定制转变的过程中，设计师的设计观念也在发生着变化，由最初的满足用户（消费者）对产品的功能需求转变为更加关注消费者对产品的精神或审美需求，即从“以制造为导向”的理念向市场经济的“以消费者为买方市场”策略转变，形成以用户为中心的当下产品设计的主流设计思想。

设计师通过自身巧妙的思维方式与设计风格来诠释产品，设计师所表达的产品的造型意象与美感思想能否与用户需求达成共识，是一个产品优劣的重要体现，也是一个产品能否占领市场甚至能否生存和发展的关键。把用户放在最高位置，充分掌握消费者的想法，根据消费者的感性需求进行设计，才能创造出符合消费者心理需求的产品。而感性工学便是“一种以顾客定位为导向的产品开发技术，一种将顾客的感受和意向转化为设计要素的翻译技术”[52]。

3.1 轮毂产品的风格意象与语义获取

风格（Style）起源于拉丁文的Stilus，其原意为古代人在板上书写文字时，所使用的笔尖或铁笔；亦可引申其为艺术上的派别特质的风格与作品构成的式样[53]。历史上，风格这一词汇还被广泛用于描述不同事物的特征，如建筑物的风格、文学的风格、行为的风格、穿着的风格等。美学家们使用“风格”概念区分不同时期、群体或者个人作品；文化史学者或历史哲学家则将风格作为一种分类标准，借此按照时间的顺序对社会历史时期进行划分；艺术史、设计史研究者则倾向于研究风格的形成、变迁和历史，他们将风格描述为作品中固定的造型和稳定的元素，借此划分出诸如印象派、巴洛克艺术等不同的艺术流派，或者是包豪斯、孟菲斯等不同的设计流派。这些定义虽然有所不同，但是总体来讲，我们可以将产品风格看作是由一系列造型元素通过不同的造型文法而表现出来的独特形式，即产品风格是由一组产品呈现的共同特征所组成的集合，同一风格的产品在造型的特征、规则以及给人的共同感觉方面有着共同的集合元素。

3.1.1 轮毂风格内涵

物理的造型特征和心理的意象特征是构成产品风格的两个重要部分。造型特征是人们所能看到的产品的物质外形，意象特征是指人们对产品的心理感受，造型特征是产品风格的物质表现，意象特征是产品风格的精神依托，二者缺一不可，探讨与构造两者之间的映射关系就是在研究产品风格再现与创新的过程[45]。

（1）轮毂造型特征

造型特征是辨别事物的关键因素，设计师通过对事物赋予不同的造型特征来传递不同的感性意象。比如理性造型所呈现的是理智、单调的意象感受，而感性造型则呈现生动、富有变化的意象感受。产品本身的造型设计要素，如色彩、点、线、面等体现着平衡、统一、比例等规律。以轮毂为例，有7个主要设计要素，如构成方式、螺栓孔种类、轮辐正面造型、轮辐数目、轮辐边缘处理、轮辐宽度、中心盘面造型，每种造型设计要素都可以进行分类，用以分析感性意象与造型设计要素之间的关系。本节以正面造型、轮辐数目、边缘处理来举例说明分类情况。

以5轮辐轮毂为例，其正面造型特征如表3-1所示。轮辐的造型方式是以单个轮辐为基本单元，进行环形阵列而得到的，轮辐数目可大致归类为从1辐到10辐以及大于10辐的轮毂（如表3-2所示）。

表3-1 轮毂正面造型特征

三角形	钝角V形	梯形	锐角V形	长方形	72° V形

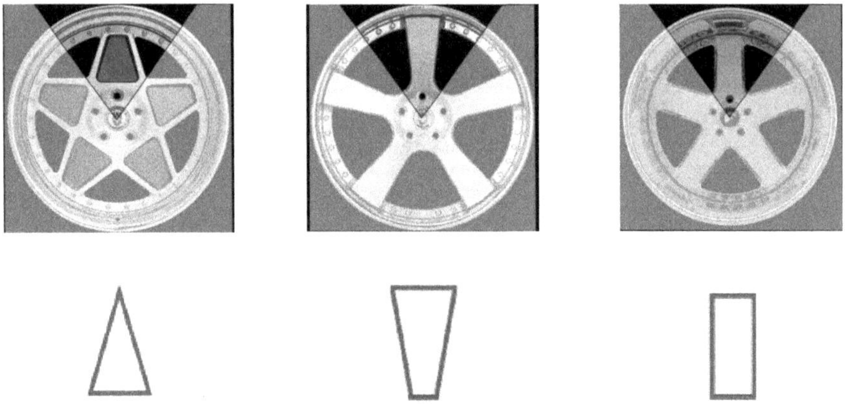

表3-2　轮毂的轮辐数目[46]79

1辐	2辐	3辐	4辐	5辐	6辐

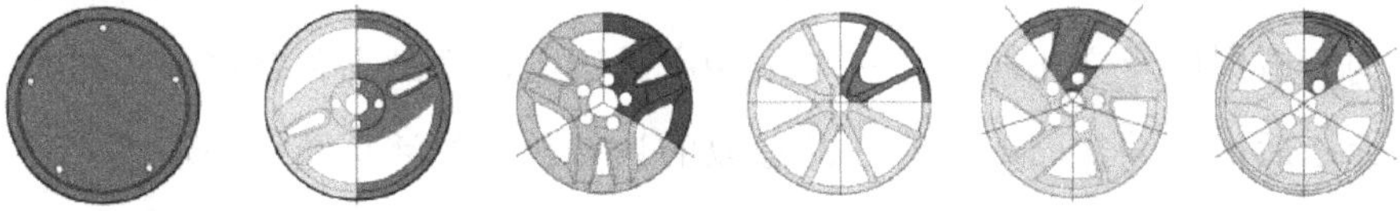

7辐	8辐	9辐	10辐	10辐以上	

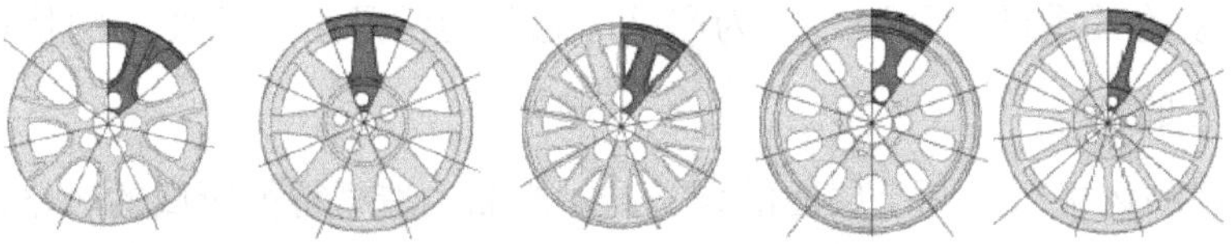

边缘处理包括面、边的倒角，轮辐与轮缘的结合位置等（如图3-1、图3-2所示）。

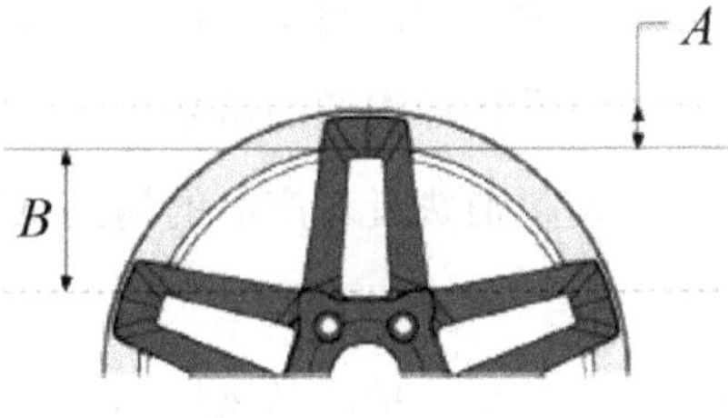

图3-1　轮辐搭接轮缘外[46]80

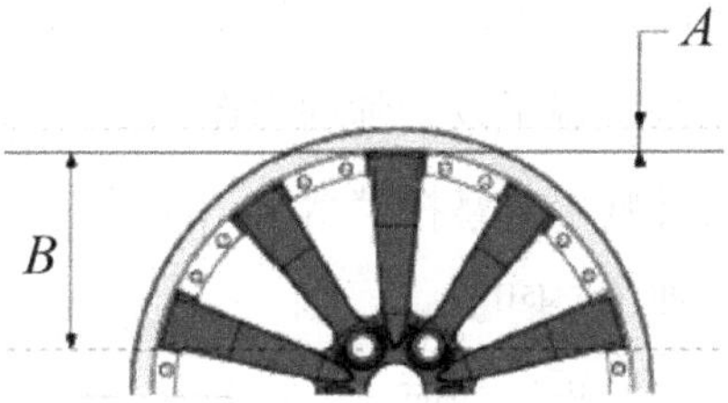

图3-2　轮辐搭接轮缘内[46]80

（2）意象特征

我们通常用心理感受来描述一个产品的设计，如浓重或轻浮、平衡或烦乱、光滑或粗糙等。人们是通过一系列抽象词汇来描述对产品的心理感受，因此，意象特征可以用这些形容词汇来进行描述[47]。设计意象即以消费者的心理需求为目标，经由设计师的个人经验与同理心赋予产品的一种感觉意象，亦在与消费者的感性意象达到共鸣。消费者通常通过产品所营造的意象选择产品，因此在意象感受因人而异的背景下，设计师应加强同理心和自身感受力的训练，目的在于无限接近目标消费者的心理意象[48,49]。

人们在对产品的认识过程中会形成对产品的感性意象[50]。颜色、肌理、结构、造型以及文化属性造就了某种产品语义，产品意象是产品透过造型设计之后产生的，而人们对产品意象的认知与其生活经验、环境因素、文化背景等是相关的，所以产品意象是否被正确传达显得尤为重要。首先应了解的就是消费者对某一产品的印象，其次是对由产品所形成的设计要素与消费者意象的关系进行分析，因为产品的意象通常是由设计要素的特征或特性所体现的。

因此，产品风格包含两个层面的含义：①产品的造型特征所属的风格，属于对造型特征物理层面上的认知与判别；②消费者对产品解读后所引发的情感体验，是对产品的一种情感认知，属于心理层面的意象特征。第一层面是在产品设计完成以后就具有的，而第二层面上的认知是在消费者接触到产品时所产生的。产品风格一方面充分传达了消费者的情感需求，另一方面也充分体现了设计师的意图，已经成为消费者与设计师沟通的重要媒介，也是设计师准确掌握消费者真实的感觉与期望、理解消费者对产品的情感认知的重要途径[51]。

对设计师而言，产品设计的最终产出往往是某一种产品风格的塑造，该风格可能是既存的，也可能是创新的。目前已经有采用计算机技术来探讨风格再现的研究工作，如形状文法、风格量化以及风格侧面像等，这些研究工作的目的是要用理性的分析来探讨风格导向的产品设计自动化的可能性，然而，不可否认的是，在设计实践中，其实目前绝大多数的风格导向的产品设计工作仍出自黑箱式的直觉创作，也就是感性的方法。

设计师常用的风格再现的方法包括理性和感性两种方法，理性的方法强调的是产品风格的内在分析，采用理性的分析，解构产品风格的造型特征与造型法则，并提炼形成造型文法或复制法则。感性的方法强调的是产品风格的外在分析，依靠感性的直觉，直接提取产品风格的造型特征，并直接将其映射到新的设计作品上。

感性工学是理性与感性方法相融合的技术，能够帮助设计师将风格的感性意向进行提取和加工，形成造型特征与感性意向的映射关系，进而实现风格的再现与延续。

3.1.2 轮毂风格分类

轮毂风格分类研究的目的是以人们的心理层面为出发点，广泛搜集能够描述轮毂感觉的语义，并挑选出具有代表性的形容词语义作为问卷的依据，进而为接下来的认知差异调研作依据。

在感性工学理论支撑下的造型风格研究中，绝大多数的研究都是通过语义词汇来描述消费者对产品的意象感受。通常情况下，消费者与产品间的信息交流，是通过产品形态、颜色、质感、比例等造型特征要素来传达的。产品通过具体的形态、色彩等视觉方面的因素，刺激着人们的感官系统，使其在生理和心理上进行感知，最终得到感性意象认知，而这种认知可以通过合适的形容词来进行表述。比如，当人们在马路上看到一款飞驰的红色超级跑车时，会因其独特的外观造型和明艳的色彩搭配而产生某种心理感受，而这种心理感受可以通过例如“个性的”“动感的”“张扬的”等感性形容词来进行表达。通过获取消费者的意象，就可以了解到消费者对产品造型设计的期待，从而降低设计者和消费者之间对产品的认知差异，使最终设计出的产品最大限度上满足消费者的意象偏好需求。

3.1.2.1 确认轮毂感性词汇

参阅汽车用品卖场、汽车杂志、网页信息及相关论文与报告，搜集适合描述汽车轮毂产品的感性语汇。将所收集到的词汇整合，并进行词性转换，总结成形容轮毂造型风格的风格名词174个（如表3-3所示）。

表3-3 轮毂造型风格名词汇总

1.可爱型	2.抽象型	3.靓丽型	4.实用型	5.感性型	6.大方型
7.独立型	8.简约型	9.时尚型	10.和谐型	11.温雅型	12.完整型
13.纷乱型	14.均衡型	15.洒脱型	16.理性型	17.潮流型	18.明确型
19.复合型	20.流畅型	21.情调型	22.前卫型	23.单纯型	24.高贵型
25.豪迈型	25.休闲型	27.小巧型	28.易读型	29.内敛型	30.大中型
31.狂野型	32.干净型	33.自由型	34.浪漫型	35.圆润型	36.热情型
37.科幻型	38.奇特型	39.古典型	40.突出型	41.运动型	42.情感型
43.气派型	44.新奇型	45.厚重型	46.俏皮型	47.明亮型	48.醒目型
49.活力型	50.彩色型	51.威武型	52.直率型	53.含蓄型	54.简单型
55.迷你型	56.聪明型	57.力量型	58.率真型	59.迅速型	60.摩登型
61.夸张型	62.对称型	63.低调型	64.温暖型	65.互动型	66.文雅型
67.尊贵型	68.抢眼型	69.装饰型	70.流动型	71.生活型	72.彪悍型
73.简易型	74.雅致型	75.奢华型	76.叛逆型	77.童趣型	78.清爽型
79.亲切型	80.精巧型	81.厚重型	82.沉稳型	83.俊俏型	84.轻佻型
85.洒脱型	86.本土型	87.自由型	88.陈旧型	89.简洁型	90.张扬型
91.新潮型	92.稳重型	93.厚实型	94.古老型	95.内涵型	96.花哨型
97.优雅型	98.厚重型	99.大胆型	100.呆板型	101.创意型	102.放纵型
103.新奇型	104.野蛮型	105.出色型	106.腐朽型	107.精致型	108.特别型
109.机灵型	110.秀气型	111.成人型	112.亲近型	113.经典型	114.意味型
115.科技型	116.大气型	117.干练型	118.距离型	119.轻松型	120.雅趣型
121.专业型	122.灵巧型	123.利落型	124.现代型	125.爽朗型	126.意象型
127.理性型	128.温馨型	129.灵巧型	130.魁梧型	131.流行型	132.秀丽型
133.亲和型	134.速度型	135.俊朗型	136.力量型	137.尖锐型	138.性感型
139.驳杂型	140.激情型	141.奔放型	142.新颖型	143.惹人型	144.细腻型
145.主流型	146.生硬型	147.柔和型	148.拉风型	149.趣味型	150.个性型
151.炫彩型	152.撕裂型	153.活泼型	154.坚硬型	155.美观型	156.动感型
157.典雅型	158.金属型	159.单调型	160.明朗型	161.特殊型	162.轻巧型
163.刚毅型	164.迅猛型	165.贴心型	166.规矩型	167.轻便型	168.严肃型
169.强悍型	170.耐力型	171.有趣型	172.中庸型	173.复古型	174.豪华型

3.1.2.2 精简轮毂造型风格词汇

在收集完轮毂造型风格名词后，选用问卷调查方式对造型风格词汇进行第一轮筛选。将表3-3中的174个风格词汇做成电子及纸质问卷，发放给100名受访者。让受访者从174个词汇中选出他们认为可以代表轮毂风格的词汇。

由于此次问卷不附有轮毂图片，所以要求受访对象必须对汽车轮毂有一定的认知和了解。此次问卷挑选汽车论坛等专业网站会员及汽车专卖店顾客作为受访者，且为避免受访者因形容词过多而有负担，故不对勾选数量进行限制。待所有受访者回复，进行资料统计，统计方式如图3-3所示，得出所有得票1～100的轮毂造型风格词汇（省略得票为零的词汇）。由于问卷中词汇较多，答题量很大，容易使受访者产生繁复情绪而影响分析过程，因此得票数高于50的风格词汇表示为大部分人群的共识，才能成为接下来的代表性词汇。基于此，本阶段采用近似1／3比例原则以萃取出得票最高的57组风格词汇，选取出的风格词汇及其得票数如表3-4所示。

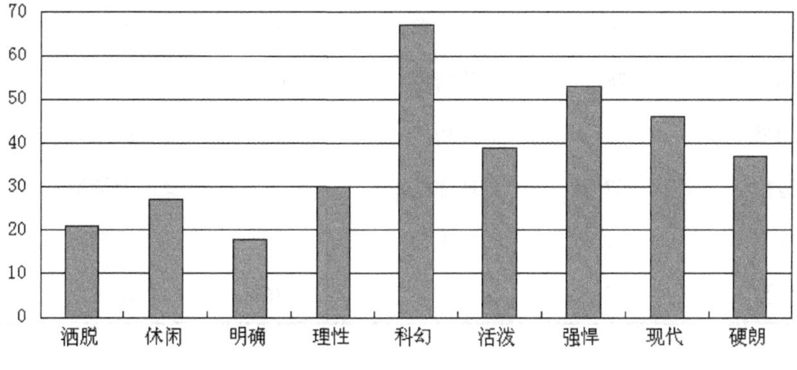

图3-3 问卷统计方式范例

表3-4 问卷中部分风格词汇得分表

风格词汇	得分	风格词汇	得分	风格词汇	得分
大方型	67	抽象型	69	夸张型	52
优雅型	63	厚重型	76	性感型	54

（续表）

风格词汇	得分	风格词汇	得分	风格词汇	得分
拉风型	71	狂野型	82	运动型	87
精巧型	74	科幻型	81	炫彩型	58
雅致型	76	精致型	75	醒目型	66
大众型	80	趣味型	90	尊贵型	71
新奇型	77	休闲型	77	复合型	66
叛逆型	65	秀气型	74	动感型	77
均衡型	68	气派型	73	刚毅型	82
简约型	80	经典型	81	简单型	76
本土型	67	干净型	84	典雅型	73
内敛型	78	大气型	88	轻巧型	80
简洁型	82	活力型	66	强悍型	67
装饰型	79	复杂型	69	摩登型	72
内涵型	78	热情型	67	严肃型	74
沉稳型	74	灵巧型	88	意象型	67
豪迈型	67	迷你型	73	力量型	54
稳重型	81	主流型	86	抢眼型	69
创意型	77	复古型	86	新颖型	76

3.1.2.3 筛选轮毂风格代表词汇

由于需要获得更加准确的代表性词汇，所以将57个造型风格词语作进一步筛选。从网络及市场上挑选7款具有代表性的轮毂产品，以电子邮件的形式发送给20名轮毂设计师和30名产品设计类研究生。请受访者根据每一个轮毂样本外观造型进行语汇评价，样本下方的57个风格词汇作为测量尺度，词汇后面有5个数字，分别代表：1—一点儿也不、2—有点、3—有些、4—相当、5

—强烈。请受访者对做出的选择给予√标记。

表3-5 轮毂意向语义评估问卷范表

第一张图

大方型 1 2 3 4 5	抽象型 1 2 3 4 5	夸张型 1 2 3 4 5
优雅型 1 2 3 4 5	厚重型 1 2 3 4 5	性感型 1 2 3 4 5
拉风型 1 2 3 4 5	狂野型 1 2 3 4 5	运动型 1 2 3 4 5
精巧型 1 2 3 4 5	科幻型 1 2 3 4 5	炫彩型 1 2 3 4 5
雅致型 1 2 3 4 5	精致型 1 2 3 4 5	醒目型 1 2 3 4 5
大众型 1 2 3 4 5	趣味型 1 2 3 4 5	尊贵型 1 2 3 4 5
新奇型 1 2 3 4 5	休闲型 1 2 3 4 5	复合型 1 2 3 4 5
叛逆型 1 2 3 4 5	秀气型 1 2 3 4 5	动感型 1 2 3 4 5
均衡型 1 2 3 4 5	气派型 1 2 3 4 5	刚毅型 1 2 3 4 5
简约型 1 2 3 4 5	经典型 1 2 3 4 5	简单型 1 2 3 4 5
本土型 1 2 3 4 5	干净型 1 2 3 4 5	典雅型 1 2 3 4 5
内敛型 1 2 3 4 5	大气型 1 2 3 4 5	轻巧型 1 2 3 4 5
简洁型 1 2 3 4 5	活力型 1 2 3 4 5	强悍型 1 2 3 4 5
装饰型 1 2 3 4 5	复杂型 1 2 3 4 5	摩登型 1 2 3 4 5
内涵型 1 2 3 4 5	热情型 1 2 3 4 5	严肃型 1 2 3 4 5
沉稳型 1 2 3 4 5	灵巧型 1 2 3 4 5	意象型 1 2 3 4 5
豪迈型 1 2 3 4 5	迷你型 1 2 3 4 5	力量型 1 2 3 4 5
稳重型 1 2 3 4 5	主流型 1 2 3 4 5	抢眼型 1 2 3 4 5
创意型 1 2 3 4 5	复古型 1 2 3 4 5	新颖型 1 2 3 4 5

待所有受访者回复后，将所有受访者为57个造型风格名词所勾选的分数相加，获取总数，再用总数除以50再除以7得到每个造型风格得分的平均数，结果如表3-6和表3-7所示。最终挑选出得分最高的27个造型风格名词。

表3-6 轮毂意向语义评估问卷结果统计Ⅰ

意象词汇	轮毂样本得分数						
	 样本一	 样本二	 样本三	 样本四	 样本五	 样本六	 样本七
大方型	3	2	5	4	3	4	2
抽象型	4	2	1	2	3	2	5
夸张型	5	3	1	3	4	2	5
优雅型	4	3	1	3	4	2	1
厚重型	2	1	5	1	3	5	3
性感型	4	3	1	4	5	1	3
拉风型	5	3	2	3	4	1	5
狂野型	4	3	1	2	5	1	3
运动型	5	3	3	3	4	3	4
精巧型	3	4	2	5	4	2	2
科幻型	3	2	1	2	4	1	5
炫彩型	2	5	2	4	3	2	4
雅致型	4	4	2	5	1	1	3
精致型	4	3	3	5	4	2	3
醒目型	3	3	5	4	4	3	4
大众型	3	3	5	4	2	5	1
趣味型	4	5	1	3	3	2	4
尊贵型	4	4	2	5	3	2	5
新奇型	3	3	2	3	4	2	5
休闲型	2	2	5	2	1	5	3

（续表）

意象词汇	轮毂样本得分数						

	样本一	样本二	样本三	样本四	样本五	样本六	样本七
复合型	4	2	1	2	4	1	5
叛逆型	3	3	1	3	5	1	5
秀气型	3	5	2	4	5	1	3
动感型	5	4	2	4	5	1	3
均衡型	2	3	2	4	1	3	3
气派型	4	3	2	5	3	2	4
刚毅型	3	3	5	4	3	4	4
简约型	3	3	5	5	3	3	4
经典型	4	3	5	5	3	2	2
简单型	2	4	5	4	3	5	2
本土型	4	2	5	4	3	5	1
干净型	3	2	5	5	2	3	2
典雅型	4	4	2	5	1	1	3
内敛型	2	3	5	2	2	4	4
大气型	4	3	5	5	1	4	2
轻巧型	3	5	4	5	4	2	3
简洁型	3	3	5	5	3	3	4
活力型	5	4	2	4	5	1	3
强悍型	5	1	4	5	2	3	3
装饰型	4	4	1	5	5	2	3
复杂型	5	3	1	5	4	2	4
摩登型	5	3	2	4	5	2	1
内涵型	3	3	5	2	1	5	4
热情型	5	3	2	4	5	2	3

（续表）

意象词汇	轮毂样本得分数						

	样本一	样本二	样本三	样本四	样本五	样本六	样本七
严肃型	1	2	5	5	1	4	3
稳重型	1	1	5	5	1	4	2
灵巧型	3	5	4	3	5	1	3
意象型	4	5	1	3	4	2	5
豪迈型	4	2	1	5	3	5	3
迷你型	1	5	3	3	5	4	3
力量型	3	1	5	4	2	4	3
稳重型	3	2	5	4	1	5	3
主流型	4	3	5	5	3	4	1
抢眼型	3	2	2	5	4	3	5
创意型	5	3	1	3	4	2	4
复古型	1	2	4	3	1	3	5
新颖型	5	2	1	3	4	2	3

表3-7 轮毂意向语义评估问卷结果统计Ⅱ

意象词汇	平均得分	总得分	意象词汇	平均得分	总得分
大方型	14.04	702	简单型	16.06	803
抽象型	20.62	1031	本土型	14.94	747
夸张型	17.52	876	干净型	19.2	960
优雅型	13.92	696	典雅型	19.58	979
厚重型	13.46	673	内敛型	13.86	693
性感型	12.64	632	大气型	16.02	801
拉风型	14.6	730	轻巧型	14.02	701
狂野型	16.32	816	简洁型	22.54	1127

（续表）

意象词汇	平均得分	总得分	意象词汇	平均得分	总得分
运动型	22.66	1133	活力型	20.52	1026
精巧型	13.82	691	强悍型	13.52	676
科幻型	14.74	737	装饰型	17.46	873
炫彩型	19.42	971	复杂型	12.78	639
雅致型	15.92	796	摩登型	15.3	765
精致型	16.48	824	内涵型	18.52	926
醒目型	14.78	739	热情型	12.78	639
大众型	16.64	832	严肃型	12.14	607
趣味型	17.92	896	沉稳型	14.56	728
尊贵型	15.78	789	灵巧型	16.46	823
新奇型	13.66	683	意象型	17.58	879
休闲型	11.4	570	豪迈型	15.3	765
复合型	20.66	1033	迷你型	19.24	962
叛逆型	14.74	737	力量型	15.82	791
秀气型	14.06	703	稳重型	14.78	739
动感型	21.72	1086	主流型	13.12	656
均衡型	18.78	939	抢眼型	13.86	693
气派型	16.06	803	创意型	17.56	878
刚毅型	12.78	639	复古型	18.32	916
简约型	23.2	1160	新颖型	15.56	778
经典型	19.56	978			

由表3-7可以看出得分最高（总得分超过800）的27个词汇为：抽象型、夸张型、狂野型、运动型、炫彩型、精致型、大众型、趣味型、复合型、动感型、均衡型、气派型、简约型、经典型、简单型、干净型、典雅型、大气型、简洁型、活力型、装饰型、内涵型、灵巧型、意象型、迷你型、创意型、复古型。

再根据表3-7得到的最具代表性的27个轮毂造型风格词汇，通过KJ法，总结、分析和筛选，最终总结出轮毂造型风格为七类：简约型、装饰型、趣味型、复古型、运动型、复合型、意象型。

3.2 基于SD-CA的轮毂风格认知差异分析

语义差异法，也称为SD（Semantic Differential）法，是由美国心理学家奥斯古德（Osgood）于1957年提出的心理测定方法[52]36。语义差异法可以客观地定量地描述测试使用者的感性意象，探索产品感性认知与设计要素之间的关系，是感性工学中最为典型的测量方法。对一对意义相反的形容词分别定义在测量表的两端，这两个形容词一般被分为5～11个等级。受测者将自己对刺激物的感觉以量化的形式表现在这一特定的形容词汇测量表中，根据自己内心的感受在表中打分，利用统计学分析软件将问卷中的感性信息转化成定量的工学数据而应用到设计中[52]36-37。

联合分析法（Conjoint Analysis）是1964年由数理心理学家R. Luce和统计学家J. Tukey提出来的应用于心理学的数学测量方法，在1971年由P. Green和V. Rao引入消费者行为研究领域后被应用于产品研发领域[53,54]。通过对比不同产品的属性，如造型、品牌、颜色等，分析消费者购买产品的因素，再通过数学的方法分析某一特定人群的消费喜好。在感性工学中，用联合分析法得到的产品的那些属性深得消费者满意，弊端是不能明确地表达出某种感性意象词汇和产品特定属性的关系，因此只能评价现存款式产品的用户满意度。

3.2.1 设计与消费者认知差异分析

将轮毂的七类风格类型转换成形容词对（简约—烦琐、装饰—朴素、趣味—呆板、复古—现代、运动—静止、复合—单一、意象—理性)，选取具有代表性的轮毂样本，提取轮毂造型要素，应用调研问卷形式分别对设计师和消费者进行测试，分析两者对造型意象的认知差异，同时对造型特征与感性意象的关系作进一步分析和研究。

（1）研究对象选取

研究对象分为设计师部分和消费者部分，设计师由于对轮毂有深入了解，所以希望通过其实际设计经验，对样本造型特征与造型意象部分调研作详尽回答。消费者由于知识背景、性别差异各不相同，所以主要以感性意象调研为主。受测者中设计师50人，消费者50人，其中双方性别比例为1：1，共制定100份问卷。

（2）研究样本选取

此研究依据所选样轮是从网络及其他媒介的轮毂样本中挑选出最具代表性的样本，因为样本在市场占有率高、款式多样，消费者对样轮的认可度较高，由于技术要求趋于同化，所以消费者的消费取向就会倾向于造型特征与美学元素，外形的视觉效果才是影响消费者购买行为的因素。

选取原则为市场销售较佳轮型，选取正面造型图片。最终选用样本轮毂A～G，分别对应表3-6中样本一至样本七为实验样本，共计7个。

（3）造型特征提取

根据设计师的经验理论，对轮毂设计要素进行分解。总结出：构成方式、螺栓孔种类、轮辐正面造型、轮辐数目、轮辐边缘处理、轮辐宽度、中心盘面造型七类造型特征，以作为本实验调查所需的造型特征的依据准则。

（4）造型意象比较

此阶段是探讨设计师与消费者群体在不同轮圈造型意象上的认知差异，以了解设计师在某些意象上对消费群体的把握能力。通过了解设计师与消费者间的认知差异性，找到轮毂造型设计要素与感性意象的关联性。此阶段利用描述性统计分析，来分析认知意象是否有显著的差异。比较结果整理如表3-15

至3-16所示，表中平均值的差小于0.5，差距在8%以内，表示认知上大致相同，用“●”标注。如平均数差值大于2个尺度以上，表示意象认知差异显著，用“⊙”标注。

（5）结果分析

由轮毂A感性认知调查表（如表3-8所示），可知“趣味—呆板”“复古—现代”认知差异在两个尺度以上，这表明设计师在“趣味—呆板”“复古—现代”的意象上有显著认知差异。其次在“装饰—朴素”“运动—静止”的意象上认知大致相同，表示轮毂样本A呈现“朴素”“运动”的造型特征。

由轮毂B感性认知调查表（如表3-9所示），可知“意象—理性”认知差异在两个尺度以上。这表明设计师在“意象—理性”的意象上有显著认知差异。其次在“装饰—朴素”“简约—烦琐”的意象上认知大致相同，表示轮圈样本B呈现“简约”“朴素”的造型特征。

表3-8 设计师与消费者对轮毂A认知差异分析

造型意象	设计师（50人）	消费者（50人）	
	平均值	平均值	认知差距
简约—烦琐	3.35	4.21	0.81
装饰—朴素	5.76	6.17	0.41●
趣味—呆板	3.43	5.47	2.04⊙
复古—现代	6.21	4.05	2.16⊙
运动—静止	1.73	1.96	0.23●
复合—单一	2.71	3.06	0.35
意象—理性	4.16	4.68	0.52

表3-9 设计师与消费者对轮毂B认知差异分析

造型意象	设计师（50人）	消费者（50人）	
	平均值	平均值	认知差距
简约—烦琐	3.05	3.47	0.42●
装饰—朴素	5.86	6.12	0.26●
趣味—呆板	4.43	5.27	0.84
复古—现代	4.81	4.25	0.56
运动—静止	6.13	5.33	0.8

（续表）

造型意象	设计师（50人）	消费者（50人）	
	平均值	平均值	认知差距
复合—单一	5.58	4.37	1.21
意象—理性	6.84	4.68	2.16⊙

由轮毂C感性认知调查表（如表3-10所示），可知在“装饰—朴素”“简约—烦琐”“趣味—呆板”“复合—单一”的意象上认知大致相同，表示轮圈样本C呈现“简约”“朴素”“呆板”“单一”的造型特征。

表3-10 设计师与消费者对轮毂C认知差异分析

造型意象	设计师（50人）	消费者（50人）	
	平均值	平均值	认知差距
简约—烦琐	1.02	1.14	0.12●
装饰—朴素	6.84	6.73	0.11●
趣味—呆板	6.93	6.78	0.15●
复古—现代	4.71	4.15	0.56
运动—静止	6.13	6.97	0.84
复合—单一	6.87	6.89	0.02●
意象—理性	6.84	6.08	0.76

由轮毂D感性认知调查表（如表3-11所示），可知在“装饰—朴素”的意象上认知大致相同，在“复合—单一”意象上认知有较大差异，表示轮圈样本D呈现“朴素”的造型特征。

表3-11 设计师与消费者对轮毂D认知差异分析

造型意象	设计师（50人）	消费者（50人）	
	平均值	平均值	认知差距
简约—烦琐	5.47	6.12	0.65
装饰—朴素	4.37	4.87	0.5●
趣味—呆板	4.06	5.01	0.95
复古—现代	5.71	4.15	1.56
运动—静止	4.13	4.97	0.84

（续表）

造型意象	设计师（50人）	消费者（50人）	
	平均值	平均值	认知差距
复合—单一	3.87	5.89	2.02⊙
意象—理性	6.84	6.08	0.76

由轮毂E感性认知调查表（如表3-12），可知在“装饰—朴素”“简约—烦琐”的意象上认知大致相同，在“运动—静止”“意象—理性”意象上认知有较大差异，表示轮圈样本E呈现“烦琐”“装饰”的造型特征。

表3-12 设计师与消费者对轮毂E认知差异分析

造型意象	设计师（50人）	消费者（50人）	
	平均值	平均值	认知差距
简约—烦琐	6.47	6.12	0.35●
装饰—朴素	2.37	2.52	0.15●
趣味—呆板	3.06	4.01	0.95
复古—现代	6.71	5.15	1.56
运动—静止	2.03	4.07	2.04⊙
复合—单一	1.87	2.89	1.02
意象—理性	1.24	3.28	2.04⊙

由轮毂F感性认知调查表（如表3-13所示），可知在“简约—烦琐”“运动—静止”的意象上认知大致相同，在“意象—理性”意象上认知有较大差异，表示轮圈样本F呈现“简约”“静止”的造型特征。

表3-13 设计师与消费者对轮毂F认知差异分析

造型意象	设计师（50人）	消费者（50人）	
	平均值	平均值	认知差距
简约—烦琐	2.44	2.15	0.29●
装饰—朴素	3.37	4.52	1.25
趣味—呆板	4.06	5.01	1.05

（续表）

造型意象	设计师（50人）	消费者（50人）	
	平均值	平均值	认知差距
复古—现代	5.71	5.11	0.6
运动—静止	4.13	4.17	0.04●
复合—单一	1.88	2.89	1.01
意象—理性	3.24	5.28	2.04⊙

由轮毂G感性认知调查表（如表3-14所示），可知在“趣味—呆板”的意象上认知大致相同，在“复古—现代”意象上认知有较大差异，表示轮圈样本G呈现“趣味”的造型特征。

表3-14 设计师与消费者对轮毂G认知差异分析

造型意象	设计师（50人）	消费者（50人）	
	平均值	平均值	认知差距
简约—烦琐	5.44	4.15	1.29
装饰—朴素	2.07	2.72	0.65
趣味—呆板	1.06	1.01	0.05●
复古—现代	2.71	5.11	2.4⊙
运动—静止	2.13	3.17	1.04
复合—单一	1.88	2.89	1.01
意象—理性	3.24	4.28	1.04

将表3-8到表3-14整理如表3-15、表3-16，●表示认知大致相同；⊙表示认知差异显著；…表示认知无显著性认同。

由表3—15可以看出，设计师在“简约—烦琐”“装饰—朴素”的意象上得到消费者认可频率最高，分别达到4次和5次，表明设计师在这两种意象上与消费者认知差异较小，设计师掌握此种意象较容易。其次在“运动—静止”、“趣味—呆板”意象上达到2次，“复古—现代”意象上达到1次，说明设计师在此种意象上把握能力尚可，在“复合—单一”“意象—理性”意象上差异较为显著，表明设计师在此种意象上掌握较不容易。

表3-15 设计师与消费者对造型意象认知差异统计表

测试人群	风格意象	轮毂A	轮毂B	轮毂C	轮毂D	轮毂E	轮毂F	轮毂G	测试结果统计	
									大致相同	显著差异
设计师与消费者	简约—烦琐	…	●	●	…	●	●	…	4	0
	装饰—朴素	●	●	●	●	●	…	…	5	0
	趣味—呆板	⊙	…	●	…	…	…	●	2	1
	复古—现代	…	…	●	…	…	…	⊙	1	1
	运动—静止	●	…	…	…	⊙	●	…	2	1
	复合—单一	⊙	…	…	⊙	…	…	…	0	2
	意象—理性	…	⊙	…	…	⊙	⊙	…	0	3

从表3-16中得知，“简约”“朴素”在造型意象上与消费者认同度最高，而“意象”“理性”“现代”的感性意象差异较大，设计师较难把握。轮毂A～D都呈现朴素意象，轮毂B/C/F都呈现简约意象。

表3-16 设计师与消费者对造型意象认知差异统计表

测试人群	风格意象	轮毂A	轮毂B	轮毂C	轮毂D	轮毂E	轮毂F	轮毂G	测试结果统计	
									大致相同	显著差异
设计师与消费者	简约	…	●	●	…	…	●	…	3	0
	烦琐	…	…	…	…	●	…	…	1	0
	装饰	…	…	…	…	●	…	…	1	0
	朴素	●	●	●	●	…	…	…	4	0
	趣味	⊙	…	…	…	…	…	●	1	1
	呆板	…	…	●	…	…	…	…	1	0
	复古	…	…	…	…	…	…	⊙	0	1
	现代	⊙	…	…	…	…	…	⊙	0	2
	运动	●	…	…	…	⊙	…	…	1	1
	静止	…	…	…	…	…	●	…	1	0

（续表）

测试人群	风格意象	轮毂A	轮毂B	轮毂C	轮毂D	轮毂E	轮毂F	轮毂G	测试结果统计	
									大致相同	显著差异
	复合	…	…	…	⊙	…	…	…	0	1
	单一	…	…	●	⊙	…	…	…	1	1
	意象	…	…	…	…	⊙	⊙	…	0	3
	理性	…	⊙	…	…	…	⊙	…	0	2

3.2.2 风格意象与设计要素关系分析

此阶段重点研究造型意象与造型特征之间的关系。由于篇幅限制，本节只对差异最小的一对感性意象作分析，其他意象可根据本书所示方法作进一步研究。

对轮毂造型设计要素进行分类，如表3-17所示。

表3-17 轮毂造型要素分类

造型要素	分项		
	分项1	分项2	分项3
构成方式（R1）	点状（R8）	树状（R9）	星状（R10）
螺栓孔种类（R2）	单一种类（R11）	复合种类（R12）	
V形曲线（R3）	三角形（R13）	梯形（R14）	长方形（R15）
轮辐数目（R4）	5～6（R16）	7～8（R17）	9以上（R18）
轮辐边缘（R5）	尖锐（R19）	小圆角（R20）	大圆角（R21）
轮辐宽度（R6）	细（R22）	中（R23）	大（R24）
中心盘面（R7）	圆柱（R25）	碗形（R26）	平面（R27）

根据前一阶段的研究成果，筛选出设计师与消费者认知差异较小的轮毂样本，选取“简约—烦琐”感性形容词对进行研究，本阶段采用数量化一类

方法进行定量研究，分析计算出各造型要素对整体造型的相关性，其中各样本的造型要素类目与各产品样本的感性评价值作为输入项。

（1）感性意象评价实验

选取20款轮毂作为实验样本，以感性语义，建立意象评价问卷，以选定的语义，配合样本图片，进行意象调研。运用语义差异法对意象语义强度值进行评价，受测对象为50人，25人为设计师，其余为普通消费者，将最终数据予以平均化，得到各样品意象强度评价值，做成意象评价矩阵，如表3-18所示。

表3-18 造型要素与意象评价矩阵

样本	造型要素							意象强度评价值
	R1	R2	R3	R4	R5	R6	R7	装饰—朴素
NO.1	3	1	1	2	2	3	2	0.4643
NO.2	2	1	1	3	2	1	1	0.7429
NO.3	2	2	3	3	2	2	2	0.7018
NO.4	2	1	1	2	3	2	3	0.4014
NO.5	2	1	1	3	2	1	1	0.5458
NO.6	2	2	1	1	3	3	3	0.5876
NO.7	2	1	2	1	2	1	3	0.4018
NO.8	3	1	1	2	1	1	2	0.4736
NO.9	1	1	1	2	1	3	2	0.3166
NO.10	1	1	2	3	1	2	1	0.7439
NO.11	1	1	1	2	2	1	1	0.3277
NO.12	1	1	2	2	2	3	2	0.5886
NO.13	2	2	1	2	1	1	2	0.7438
NO.14	1	1	2	2	3	2	2	0.6607
NO.15	3	1	3	2	3	3	2	0.3328
NO.16	1	2	1	1	2	2	2	0.4659
NO.17	2	2	3	2	2	1	1	0.6639
NO.18	2	2	1	3	2	1	2	0.6767
NO.19	2	1	2	3	3	1	2	0.7014
NO.20	2	1	1	3	2	1	2	0.5018

（2）结果及分析

经数量化一类分析结果，得出各造型项目偏相关系数，其中偏相关系数代表设计要素对整体感性需求的影响程度，系数越大表示此造型要素对于感性予以影响程度越大；项目得分越大，表述该设计项目对预测值的影响越大，亦即各设计要素的形态范畴对于消费者对产品表达某一感性意象的影响程度；类目正值表示偏右（正向）语义，负值表示偏左（负向）语义；全距越大的造型要素，表示对预测值的影响越大；复决定系数是统计结果的信赖度的依据，系数越大表示越可信。

（3）“简约—烦琐”的感性意象与造型要素相关性分析

运用数量化一类分析“简约—烦琐”意象与形态要素相关性，各造型要素的偏相关系数与项目得分的分析结果如表3-19所示。

表3-19　“简约—烦琐”的感性分析结果

造型要素	偏相关系数	排名	项目	项目得分		全距
构成方式（R1）	0.274	7	点状（R8）	−0.0261		0.0370
			树状（R9）		0.0023	
			星状（R10）		0.0109	
螺栓孔种类（R2）	0.8505	1	单一种类（R11）		0.0694	0.1490
			复合种类（R12）	−0.0796		
V形曲线（R3）	0.6737	2	三角形（R13）	−0.0137		0.1216
			梯形（R14）	−0.0660		
			长方形（R15）		0.0556	
轮辐数目（R4）	0.6713	3	5～6（R16）		0.0531	0.0964
			7～8（R17）		0.0186	
			9以上（R18）	−0.0415		
轮辐边缘（R5）	0.3036	6	尖锐（R19）		0.0197	0.042
			小圆角（R20）	−0.0029		
			大圆角（R21）	−0.0223		

（续表）

造型要素	偏相关系数	排名	项目	项目得分		全距
轮辐宽度（R6）	0.6216	4	细（R22）	−0.0206		0.0799
			中（R23）		0.0522	
			大（R24）	−0.0277		
中心盘面（R7）	0.3743	5	圆柱（R25）	−0.0108		0.0456
			碗形（R26）		0.0287	
			平面（R27）	−0.0169		

（4）感性意象的造型设计原则

在各造型要素的项目得分中，分数最高和最低负分的项目，代表各自相对应于感性语义中的正面意象与负面意象的两个对立形容词，因此，可以得到各感性意象与轮毂造型要素之间的关系，依据此构建轮毂造型设计原则，表3-20为感性语义与最适合的造型要素间的匹配关系。

表3-20 各感性意象与最适造型要素匹配表

感性意象	造型元素						
	R1	R2	R3	R4	R5	R6	R7
简约—烦琐	星状	单一孔	长方形	5～6根	尖锐	中宽	碗形

第4章　轮毂视觉美学实验与工程可靠性测试

如何在某种统一风格下进行产品形式创新，设计出既符合消费者审美认知，又符合工程验证测试的产品，仍然是值得深入思考的话题。本章通过视觉美学实验分析以及工程可靠性测试，使得设计师在进行轮毂造型设计时有所参考。

由前述结论可知，消费者和设计师在简约型轮毂上的感性认知最接近，本章以简约型轮毂为研究对象，通过实验和测试分析其视觉美学规则以及可靠性要求。

4.1 基于视觉美学原理的轮毂造型审美范围判定

由轮毂感性意象与设计要素相关性研究得知，简约型轮毂螺栓孔种类和轮毂正面造型对其感性意象有较大影响，得到简约型轮毂设计原则如下：轮辐数量5～6个，正面造型以长方形居多，螺栓孔单一，中心盘面呈圆角碗形。

由于轮毂整体呈对称结构，其角度视觉美学构成本书已有相关论述，同时其视觉美学测试，都是基于同样尺寸大小的轮毂进行实验，所以本书仅对轮毂视觉美学中的“比例”进行细致探讨。对简约型风格轮毂样本进行调研，研究消费者对此类风格轮毂的美学感知范围。

研究对象选择：本实验选择设计类专业学生30人（大学二年级10人，大学三年级20人）、车主50人（男30人，女20人）、汽车销售人员10人、设计师10人、工程师5人和决策者5人，合计110人，提供110份调查问卷。

标准轮毂样本建立：依据视觉美学规律（轮辐的宽度、长度符合黄金分割比，正面片造型符合渗流美学原则），建立标准简约型风格轮毂模型样本（以15×6J，单一螺栓孔形、五辐长方形经典造型为基准）。标准三维轮毂模型样本如图4-1所示。

调查问卷轮毂样本库建立原则：根据人具有“视觉恒常性”的原理，即轮辐宽度在一定的范围内，双边增加或减少一个毫米单位，对轮毂造型的视觉感受影响不大，但随着变化的不断延伸，视觉感受会逐渐出现变化，根据此变化规律建立40个轮毂样本库。图4-2为调查问卷样本库。

图4-1 标准三维模型轮毂样本

本调查问卷采用自填问卷和访问问卷相结合的调查方式。因设计类学生相对集中，所以对30名设计类学生采用了自填问卷的调查方式，其他80名不同群体受访者采用访问问卷的调查方式，以利于回收。

调查问卷表中，关于问卷的几点说明里，对汽车轮毂的相关知识、视觉美学相关理论、美学与实用性的关系等作了简单介绍，并给出了问卷轮毂样本库中的轮毂标准三维造型样本示例。最后提示受访者："下面列出了40个样本轮毂图片，请您结合视觉美学及实用性等相关理解，针对您的喜好勾选出您对每个样本轮毂的满意度（其中A满意，B一般，C不满意）。"

发出调查问卷110份，收回110份，初步分析除设计类学生3份问卷、车主4份问卷、汽车销售员2份问卷、设计师1份问卷不合格外，有效问卷100份。

表4-1为问卷结果最终统计数据，即样本1～40的满意度A、B、C的得票率数据。为了直观反映样本1～40的满意度A、B、C得票率，将表4-1生成折线图，见图4-3。图4-4为设计类群体（设计类学生27份、设计师9份、工程师5份、决策者5份，总计46份有效卷）与消费者群体（车主46份有效卷）对样本1～40的满意度A、C得票率对比示意图，图中A和C对应为消费者群体的A、C得票率。

为了直观显示调查问卷中轮毂样本库各样本的得票情况，其中满意度A的总得票情况，见图4-5的灰度渐变（由多到少，颜色越深得票越多）区域示意；满意度B的总得票情况，见图4-6的灰度渐变（由多到少，颜色越深得票越多）区域示意；满意度C的总得票情况，见图4-7的灰度渐变（由多到少，颜色越深得票越多）区域示意；图4-8为A、B、C总得票情况汇总对比示意图。

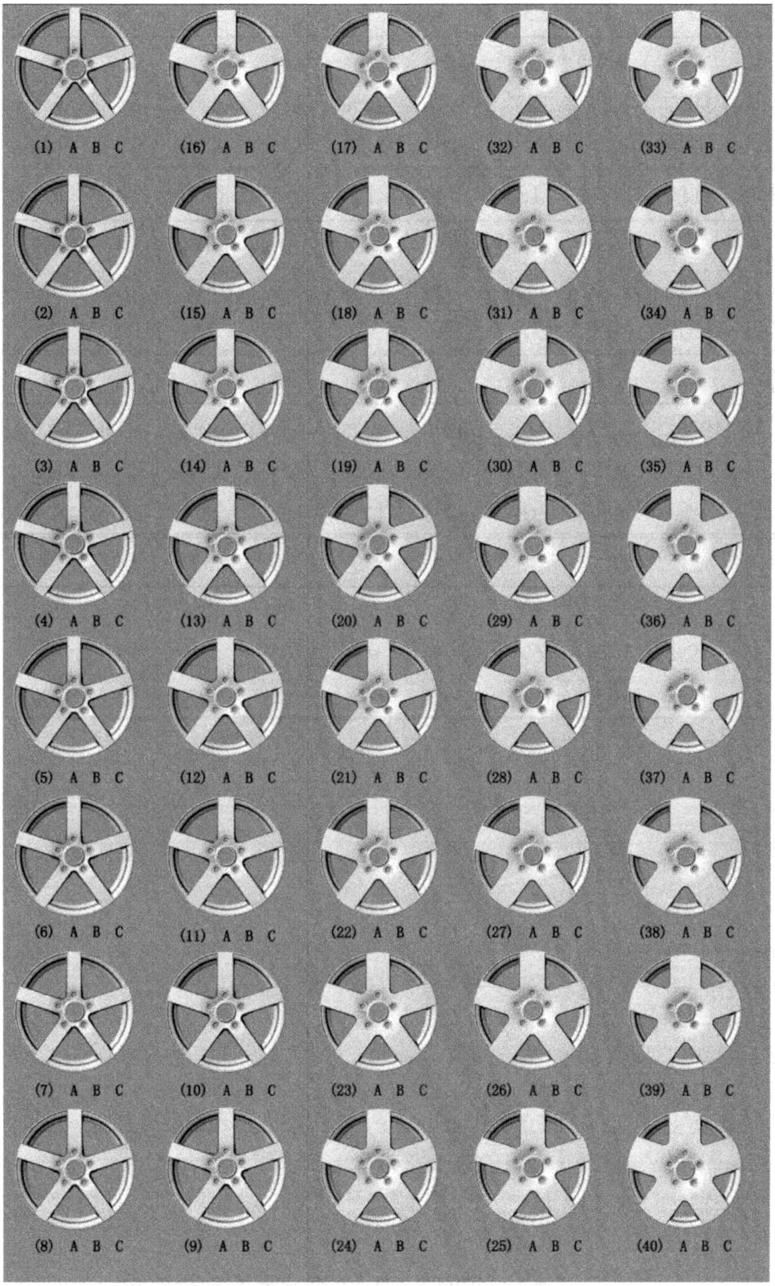

图4-2 调查问卷轮毂样本库

表4-1 问卷结果最终得票率统计数据

样本		1	2	3	4	5	6	7	8	9	10
得票率	A	5%	8%	9%	10%	20%	24%	27%	35	45%	51%
	B	10%	11%	12%	10%	25%	21%	32%	33	26%	29%
	C	85%	81%	79%	80%	55%	55%	41%	32	29%	20%
样本		11	12	13	14	15	16	17	18	19	20
得票率	A	57%	58%	60%	66%	79%	90%	90%	94	96%	93%
	B	30%	32%	33%	27%	18%	8%	8%	5%	3%	6%
	C	13%	10%	7%	7%	3%	2%	2%	1%	1%	1%
样本		21	22	23	24	25	26	27	28	29	30
得票率	A	90%	82%	71%	69%	63%	63%	59%	41	32%	19%
	B	8%	10%	20%	19%	26%	25%	17%	28	23%	24%
	C	2%	8%	9%	12%	11%	12%	24%	31	45%	57%
样本		31	32	33	34	35	36	37	38	39	40
得票率	A	10%	9%	8%	5%	5%	4%	2%	2%	1%	1%
	B	19%	15%	6%	10%	9%	10%	8%	9%	9%	7%
	C	71%	76%	86%	85%	86%	86%	90%	89	90%	92%

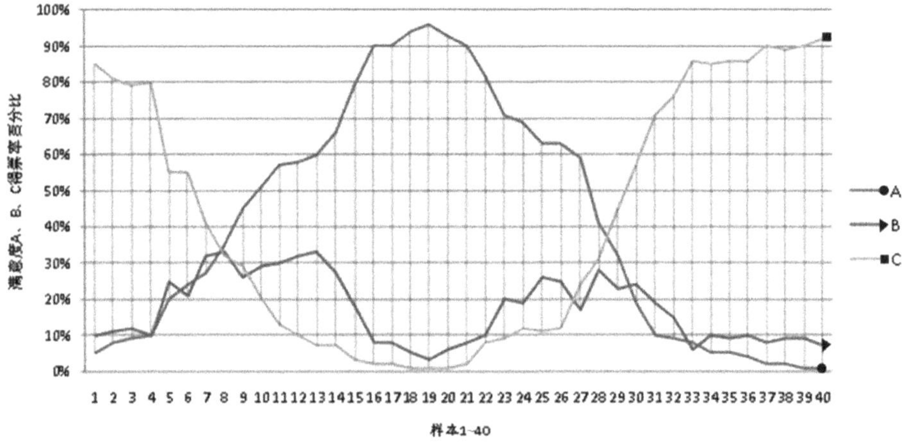

图4-3 样本1～40的A、B、C得票率汇总折线图

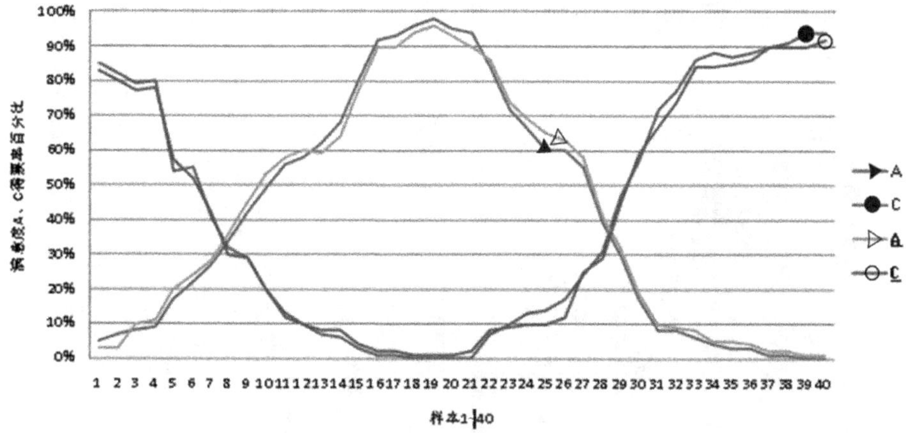

图4-4 两个群体对样本1～40的A、C得票率对比示意图

根据表4-1和图4-3、图4-4调查问卷结果最终得票率数据及示意图，分析如下：满意度得C票率平均超过80%的为样本1～4和样本33～40，说明受访者对简约型风格轮毂（此规格）轮辐过细和过宽的美感感知率过低。稍有所区别的是，样本1～4得A票率平均为10%左右，而样本33～40得A票率平均仅为3%左右，且样本37～40得C票率更是超过了90%，两组得B票率相当，均为10%左右，说明受访者对细轮辐的美感接受率要稍高于宽轮辐的，这一点除了与细轮辐的轮毂看上去通透、细致，宽轮辐的视觉堵塞，更与当下节能减排轻量化以及轮毂厂商人为“制造”的以细唯美的“流行”拉动不无关系，且由于科学技术的不断发展，新材料的应用，更细的轮辐也能满足力学要求而被生产制造出来。

满意度得A票率超过90%的为样本16～21，且此六个轮毂样本得B票率均为10%左右，得C票率均为2%左右，说明受访者的审美感知还是趋于一致的。其实在建立问卷中的轮毂样本库时，样本19就是图4-2中的轮毂样本，即轮辐的宽度和长度均按照约等于黄金比设计，而且“图底”比例还基本符合渗流美学原理。样本19两边的样本16～18和样本20、21相对样本19的轮辐宽度渐变加减了一个毫米单位，是一个宽度范围，这说明人们具有“视觉恒常性”

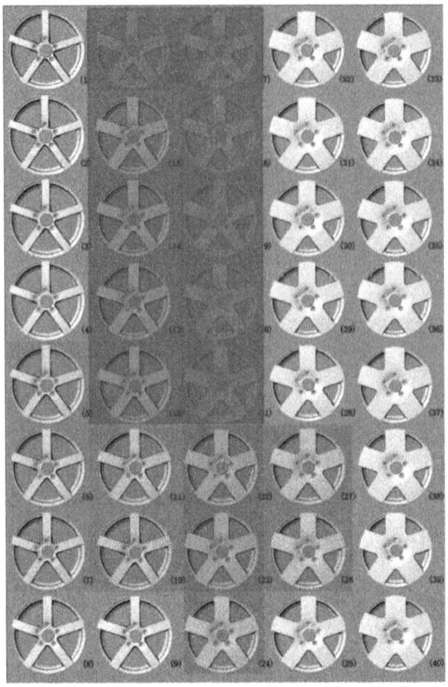

图4-5 满意度为A的得票情况示意

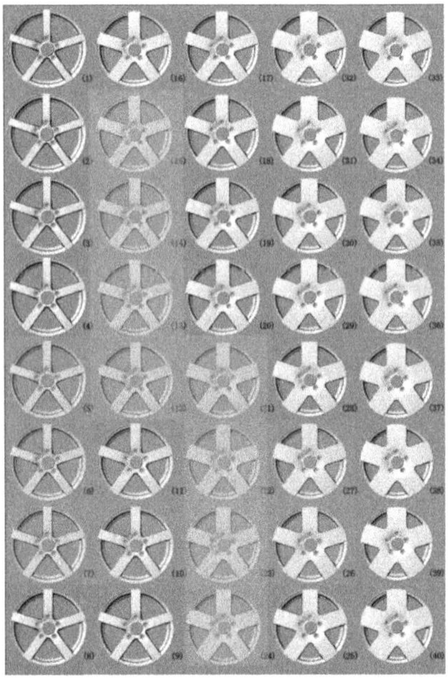

图4-6 满意度为B的得票情况示意

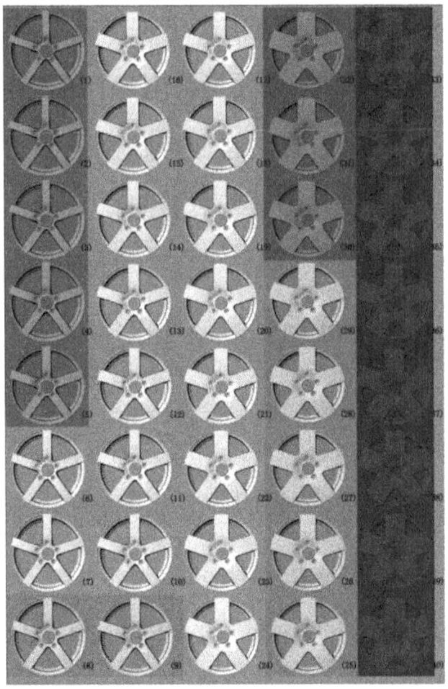

图4-7 满意度为C的得票情况示意

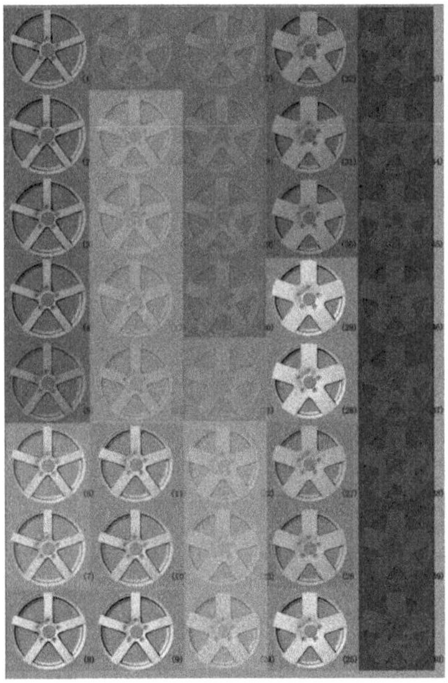

图4-8 A、B、C得票汇总图

是本能的自然现象，更说明黄金分割比和渗流美学对于人的视觉美学感知不是一个具体的点，也不是具体的一条线或一个面，而是一个范围。但这个范围不大，无论是宽度还是长度或是面积，组成平面图形或三维立体后，在一个相对封闭的区域或空间里，只要符合黄金分割比和渗流美学原理，人就会自然地感知到美感的存在。

综上分析，样本16～21六个轮毂样本是最符合人的视觉美学认知的，说明简约型风格轮毂（15×6J，五辐）的轮辐宽度在这个范围内最符合消费者的视觉审美标准。同时，图4-4中A与A̲、C与C̲折线图走势基本重合，也说明设计类群体与消费者群体（车主）对此风格的审美感知趋于相近，为设计师在以后的此风格轮毂造型设计时提供了理论与实践上的参考依据。

4.2 轮毂造型工程可靠性测试

轮毂产品的可靠性验证是技术美学思想能否在设计过程中顺利应用的重要环节。无论是设计师多么精妙的创意灵感，还是企业决策者的妄为决定，抑或是发烧友的个性化需求，最终结果是得到满足性能要求的轮毂产品，所以轮毂产品既要从形式上符合造型美学规律以满足消费者的审美需求，又要在功能上达到安全性而满足使用需求，因此对于一款轮毂的评价存在造型美学及产品性能的“双重评价标准”。

目前国际上常用的轮毂性能测试标准主要包括SAE、JASO及ISO等标准以及中国国家标准，上述标准对汽车轮毂做出了详细的测试要求，其中弯曲疲劳试验、径向滚动疲劳试验、冲击台架试验等已经成为验证汽车轮毂可靠性的主要试验方法。目前各大汽车厂商普遍认为疲劳破坏是轮毂的主要失效方式，尤其是轮毂弯曲疲劳破坏，而轮毂产品在进行13°冲击试验时也较易发生破坏。

4.2.1 轮毂3D模型建立

根据视觉美学实验获得的六款（样本16～21）兼具造型美学又符合消费者感性审美的锻造铝合金轮毂样本，如图4-9所示，轮毂尺寸均为（15×6J），风格为简约型，现采用三维建模软件配合有限元分析软件对其进行有限元模拟，从而对轮毂产品的可靠性进行验证。

图4-9 视觉美学试验得到的轮毂样本

（1）基准样轮

根据工作流程，要对上述的六款轮毂样本建立3D参数模型，而后进行弯曲疲劳、径向滚动疲劳和13°冲击试验的有限元模拟分析和比较。本节以样本19为基准建立基准样轮，再完成其他五个样本的试验样轮构建。

样本19基准样轮的建立过程：

①在参考国际标准、行业标准、企业标准以及我国国家标准的基础上，又参考了国外相关轮毂的结构特点，按照某汽车厂家的具体装配要求，确定轮毂基本参数见表4-2。

表4-2 轮毂结构尺寸参数

轮毂规格	轮辋名义直径/mm	轮辋名义宽度/mm	中心孔直径/mm	偏距	螺栓孔	材料
15×6J	405.6	152.4	52	45mm	5-114	6061铝合金

②将样本19（如图4-1）的Rhinoceros 5.0三维建模文件导出*.igs格式文件，然后将其导入CATIA三维建模软件中，如图4-10所示。将造型片体导入后，调整至坐标原点，由于考虑到后续模拟分析中所使用模型结构尺寸，因此需根据导入的片体造型，进行轮辐结构重新构建，图4-11为整个造型建模过程。

图4-10 导入CATIA软件中的Rhino文件

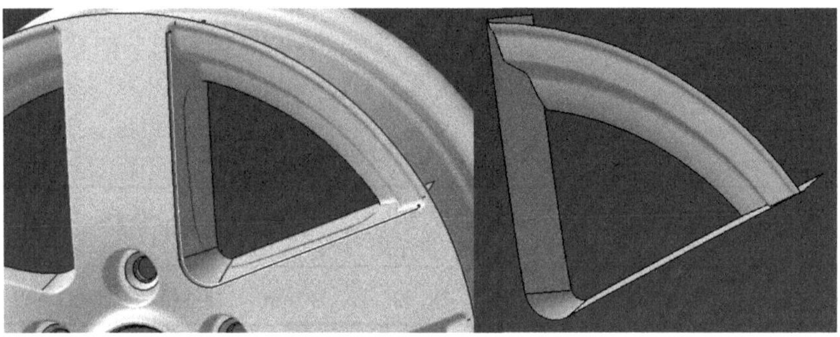

（a）

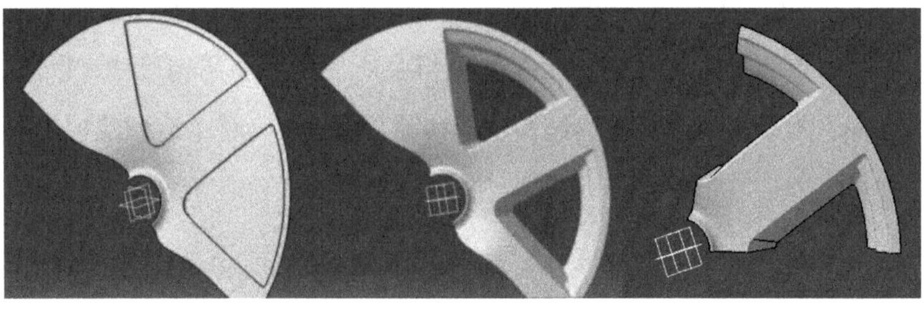

（b）

图4-11 CATIA软件建模过程

按照某合作汽车厂家对轮毂的尺寸要求，根据国家车轮轮辋标准，建立如图4-12所示的轮毂模型，并生成1/5结构造型。

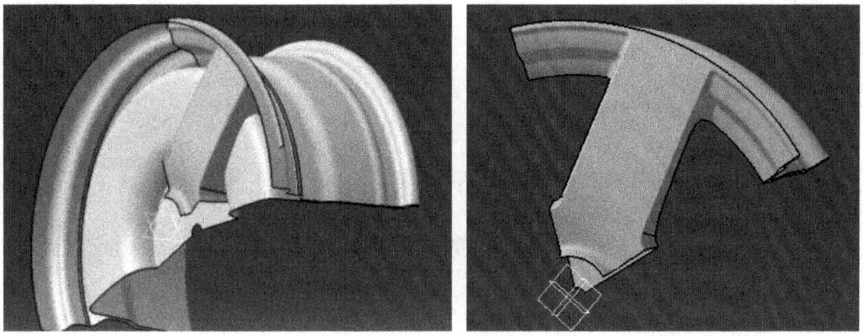

图4-12 轮辋结构

③按照表5-1所示的轮毂结构尺寸参数，分别设计螺栓孔、中心孔、气门孔等尺寸，最终建立整个基准样轮的3D模型（如图4-13所示）。

图4-13 基准样轮

（2）试验样轮

在样本19三维实体模型各项参数数据的基础上，在CATIA软件中设定轮型轮辋、轮芯部位一致，总重量一致，轮辐宽度逐渐加宽或变窄2 mm，轮辐厚度随之改变，建立样本16～21六个实验轮型（如图4-14）。为了便于试验研究，以下将样本16～21称为1号件～6号件。其中1号件轮辐宽度为62 mm，2号件轮辐宽度为64 mm，3号件轮辐宽度为66 mm，4号件轮辐宽度为68 mm，5号件轮辐宽度为70 mm，6号件轮辐宽度为72 mm。

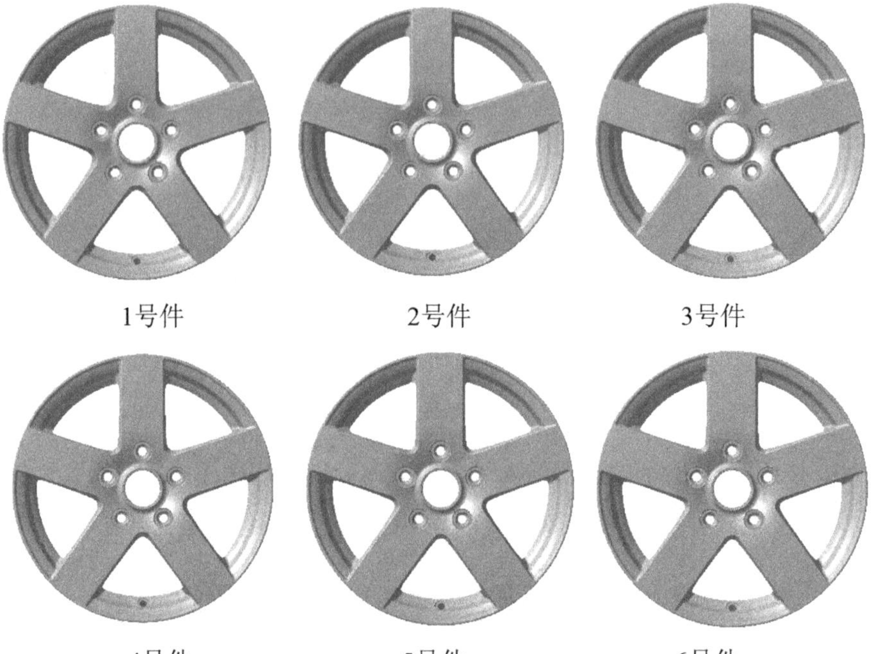

图4-14 试验轮型

4.2.2 轮毂弯曲疲劳台架试验及有限元仿真分析

4.2.2.1 轮毂弯曲疲劳台架试验

弯曲疲劳试验又称动态横向疲劳试验，主要用于检验轮辋和轮辐的连接强度以及轮辋与轮辐的结构强度，一般使用离心式或固定加载式动态弯曲疲劳试验机[55-57]，固定加载式动态弯曲疲劳试验机如图4-15所示。

（1）试验目的及要求

弯曲疲劳试验是模拟车辆在行驶过程中持续转弯时轮毂承受弯矩的能力。要求轮毂在试验弯矩下经历一定的疲劳循环后不得出现裂纹等破坏现象。

图4-15 弯曲疲劳试验机

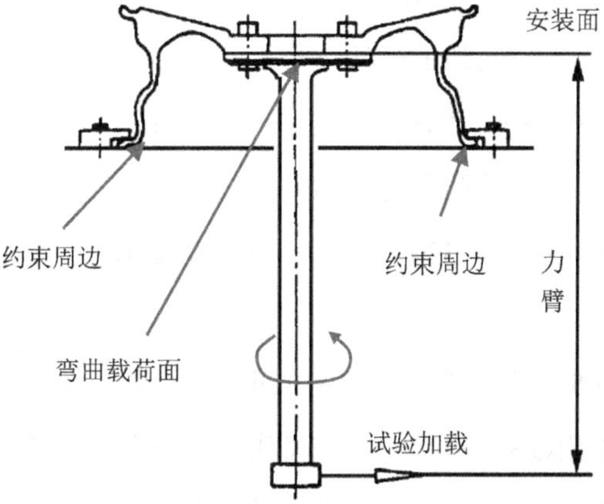

图4-16 弯曲疲劳试验装置示意图[57]27

（2）试验原理

弯曲疲劳试验原理如图4-16所示，将轮毂端面固定在试验台上，法兰面通过螺栓连接加载轴，加载轴末端安装试验要求的配重，旋转配重砝码，离心力等效成为施加在轮毂法兰面的旋转弯矩。

（3）试验标准

常用的试验标准主要包括中国国家标准、美洲SAE标准、欧洲TUEV标准、日本TRIAS标准。上述标准均对钢制车轮及轻合金轮毂的弯曲台架试验方法进行了描述，不同国家和地区以及不同的厂商对试验标准都有不同的要求，其在具体参数的选取、试验操作方法和评价方法上各有不同，即使在同一个标准应用上，各个厂家肯定也有自己的相应经验加强系数。

（4）试验载荷的确定

试验弯矩按照下述公式计算：

$$M=(\mu R+d)FS \tag{4-1}$$

式中　M——试验弯矩（N·m）；

μ——轮胎和道路之间的摩擦系数，设定为0.7；

R——车轮厂或汽车制造厂规定的该轮毂配用的最大轮胎静载荷半

径（m）；

d——轮毂的偏距（m）；

F——轮毂最大额定载荷（N）；

S——试验强化系数。

采用GB/T5334—2005，摩擦系数μ、强化系数S、试验循环次数取值见表4-3。

（5）试验要求及判定依据

引用GB/T5909—1995《载货汽车车轮性能要求和试验方法》，测试样轮当完成表4-3中相应的要求循环次数后，经过着色渗透检查或荧光探伤检查后，轮毂试件任何部位无可见裂纹的则判定为合格。

表4-3 轮毂弯曲疲劳试验强化系数[58]

材料	强化系数S	最低循环次数	摩擦系数μ
钢制车轮	1.60	30000	0.7
	1.33	150000	
轻合金制车轮	1.60[a]	100000	
	1.33	2700000	

注：钢车轮认证试验时，两种系数均要选用，轻合金只选用其中的一种系数；a为优先选用的试验系数。

4.2.2.2 轮毂弯曲疲劳试验有限元仿真分析

（1）轮毂弯曲试验分析模型的建立

根据CATIA中建立的1～6号样轮的三维数字模型，采用ABAQUS有限元分析软件根据台架试验标准建立弯曲虚拟台架试验模型，轮毂材料由6061铝合金整体锻造而成，由某企业实测得到的6061材料特性曲线如图4-17所示。

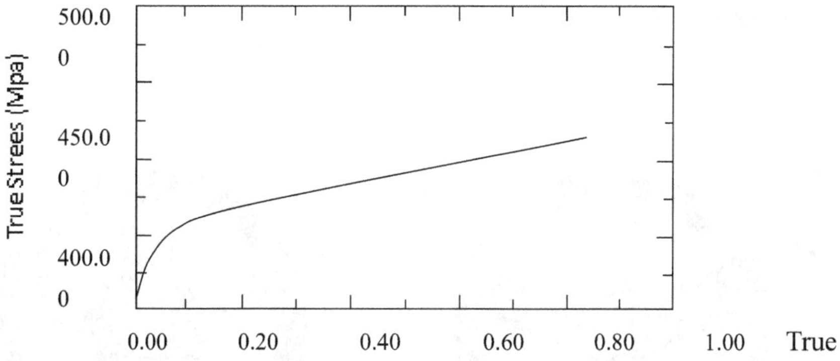

图4-17 6061铝合金特性曲线[59]

模拟过程中6061铝合金材料的杨氏模量为72 GPa，泊松比取0.33，密度为2.77×10^{-6} kg/mm^3，加载力臂杆材料设置为Q235A，密度为7.85×10^{-6} kg/mm^3，杨氏模量为210 GPa，泊松比取为0.3。试验弯矩为1660 N・m，添加材料、载荷等边界条件后，建立有限元分析模型如图4-18所示。

图4-18 轮毂弯曲疲劳试验有限元分析网格模型

（2）弯曲试验仿真结果分析

针对1～6号件分别进行弯曲试验有限元仿真分析，获得1～6号件Mises应力分布云图，如图4-19至图4-24所示。

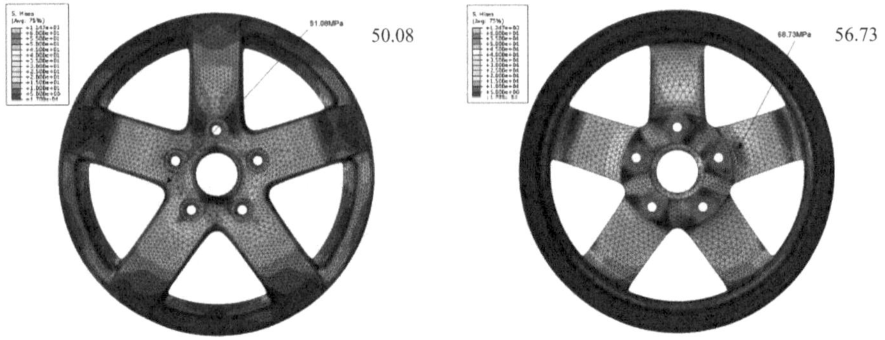

（a）正面　　（b）背面

图4-19 1号件Mises应力分布云图

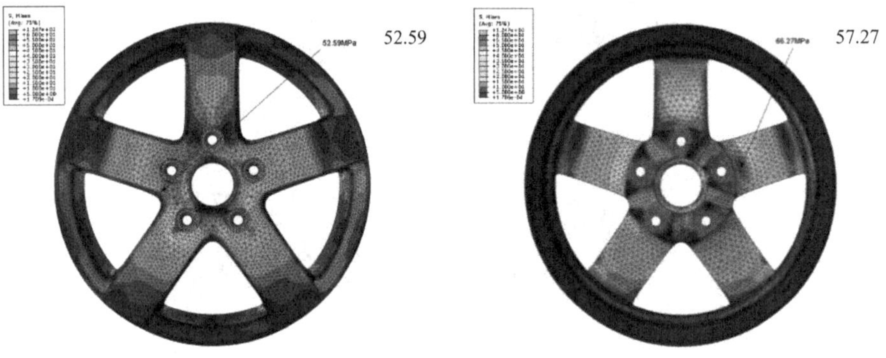

（a）正面　　（b）背面

图4-20 2号件Mises应力分布云图

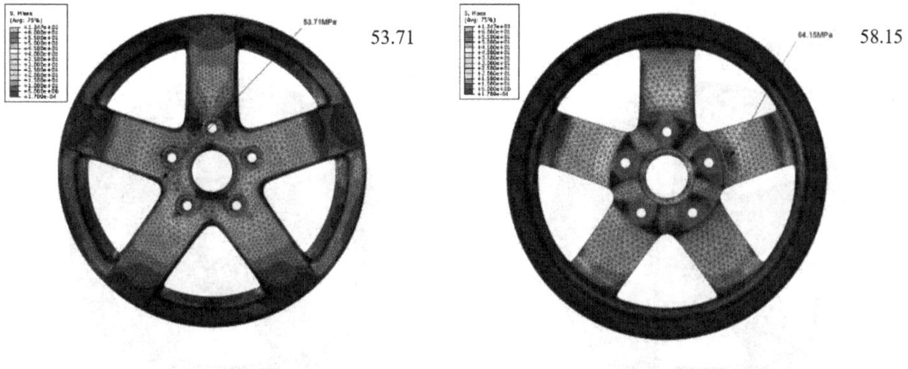

（a）正面　　（b）背面

图4-21 3号件Mises应力分布云图

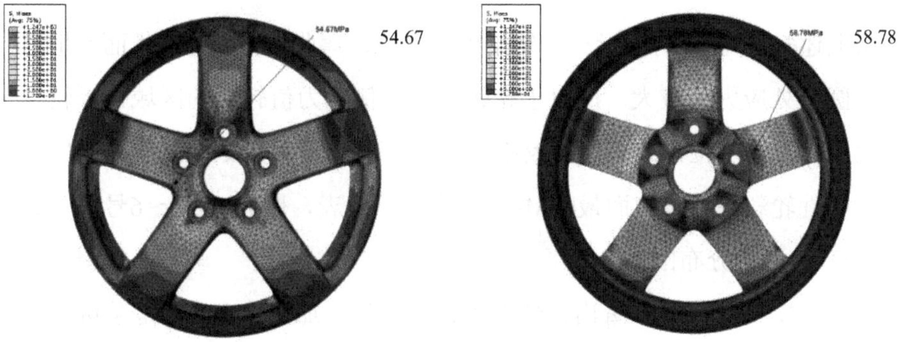

图4-22 4号件Mises应力分布云图

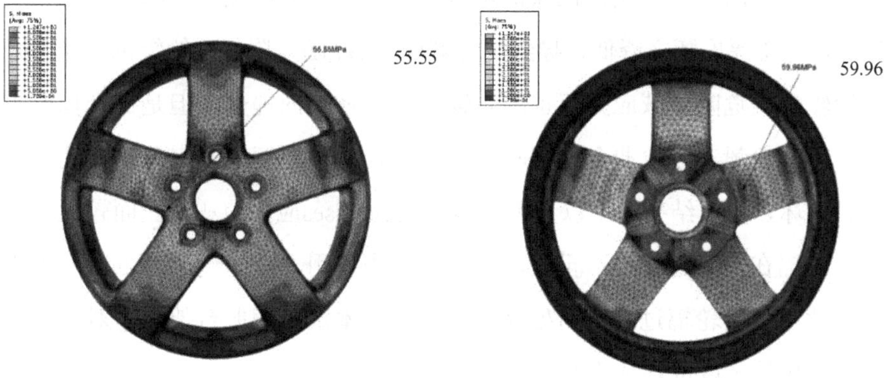

(a) 正面　　(b) 背面

图 4-23 5 号件 Mises 应力分布云图

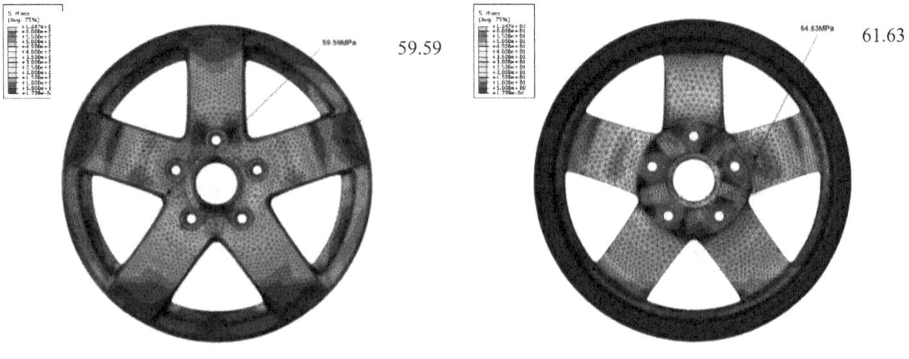

（a）正面　　（b）背面

图4-24 6号件Mises应力分布云图

从上述6款样轮的有限元分析结果可以看出，弯曲试验中轮辐正面两根筋辐过渡圆角处应力值较大，而对于轮辐背面一侧应力值较大的区域位于轮辐与法兰盘的交接部位，此两处为较危险区域，是易产生裂纹源的区域，表4-4为1～6号件轮毂正面及背面最大Mises应力值汇总表，图4-25为1～6号件正、背两侧Mises应力分布图。

从表4-4及图4-25可以看出，随着轮辐宽度的增加，轮辐正面危险区域应力随之增加，这是由于弯曲疲劳试验主要是模拟汽车转弯工况，从而考察轮毂中轮辐部位的抗弯性能，在保证轮毂总重量不变的情况下，随着轮辐宽度的增加，轮辐厚度随之降低，导致抗弯截面系数I_z随之降低，轮辐抗弯能力减弱。轮辐背面危险区域应力值也随轮辐宽度的增加而提升，但是提升幅度不明显。根据轮毂实际弯曲台架试验经验可知，两根轮辐中心夹角连接处最容易开裂破坏，而从结果中可以看出轮毂背面的Mises应力值相比正面较大，这是由于轮辐在受弯过程中，正表面受到拉应力作用，而背侧主要以压应力为主，因此正表面轮辐过渡圆角处易产生开裂，本虚拟弯曲台架试验对于易发生疲劳破坏的区域位置预测准确。

表4-4 1～6号件Mises应力值汇总

轮型	1号件	2号件	3号件	4号件	5号件	6号件
正面（MPa）	50.08	52.59	53.71	54.67	55.55	59.59
背面（MPa）	56.73	57.27	58.15	58.78	59.96	61.63

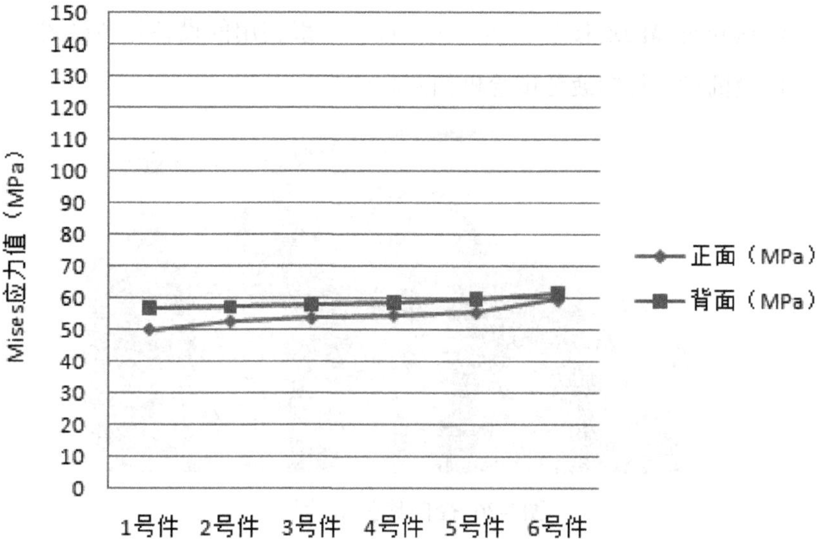

图4-25 1～6号件Mises应力值分布示意图

从得到的模拟应力数值上来看，从1～6号轮辐宽度增加16%，正表面危险区域应力增加19%，但是上述几款轮毂的Mises应力值均在70 MPa以内。根据某企业多年总结的经验判据，对于车轮模拟得到的应力值小于150 MPa（多数企业的经验值为170～180 MPa）时，相应的实际弯曲疲劳台架试验均能通过，因此1～6号件均符合弯曲台架试验要求。针对上述在弯曲试验中两个轮辐连接过渡区，在轮毂设计研发实践中，应在保证造型美观的基础上适当增大圆角*R*值，从而提高产品结构强度，提高使用寿命。

4.2.3 轮毂径向疲劳台架试验及有限元仿真分析

4.2.3.1 轮毂径向疲劳台架试验

（1）试验目的及要求

轮毂径向疲劳试验又称动态径向疲劳试验，主要用于检验轮毂与轮胎配合性能、轮辋和轮辐的连接强度和结构强度，一般使用的设备是转鼓式动态径向疲劳试验机[60]。径向疲劳试验机如图4-26所示。

图4-26 径向疲劳试验机

（2）试验目的及要求

模拟车辆在行驶过程中轮毂承受车辆及载重对它压力的能力。要求轮毂在径向试验力作用下经历一定的疲劳循环后，不得出现裂纹等破坏现象。

（3）试验原理

轮毂径向试验原理如图4-27所示，试验台上的转鼓要有比承载轮胎断面要宽的光滑表面，其连接面和车辆上轮毂的装配特性相同。当轮毂转动时，试验台给轮毂施加一固定不变的载荷，加载方向垂直于转鼓表面，并且与轮毂和转鼓的中心连线在径向方向上一致，转鼓轴线和车轮轴线平行。试验时，给铝合金轮毂安装上轮胎，轮胎额定载荷应大于或等于轮毂的标注值。轮毂在试验装置上安装的方法与轮毂在车辆上的安装方法相同。

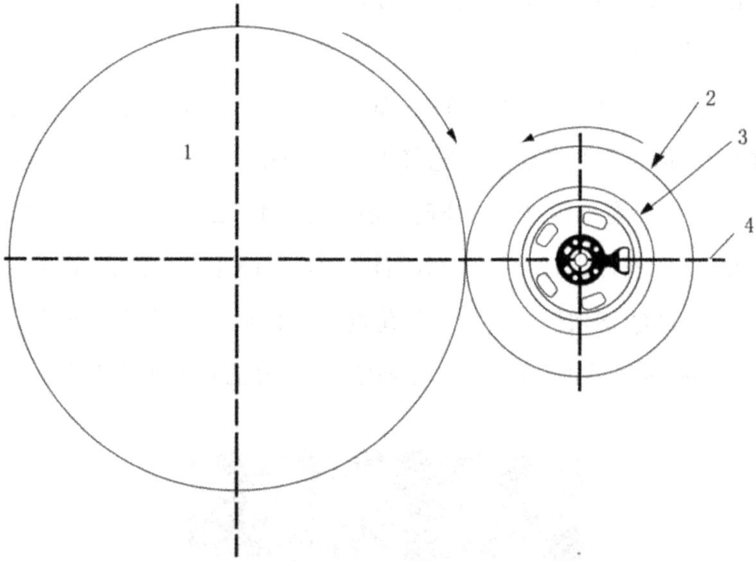

1—转鼓　2—轮胎　3—车轮　4—径向载荷 F_r

图4-27 径向疲劳试验原理示意图[60]37

（4）试验载荷的确定

径向载荷按照如下公式计算：

$$F_r=kF \tag{4-2}$$

式中　F_r ——径向载荷（N）；

F ——轮毂最大额定载荷（N），由轮毂厂或汽车制造厂规定；

k ——试验强化系数。

（5）试验要求及判定依据

采用GB/T5909—1995《载货汽车车轮性能要求和试验方法》标准，强化试验系数S为2.25，循环次数50万次。用着色渗透法或荧光探伤法检查，轮毂任何部位不能出现可见裂纹。

4.2.3.2 轮毂径向疲劳试验有限元仿真分析

（1）轮毂径向疲劳试验分析模型的建立

以ISO 3006：2005 和SAE J328—2005作为铝合金车轮动态径向疲劳试验仿真的标准，仿真需要考虑轮胎充气压力的影响，因此，根据标准选用轮胎充气压力值，轮胎充气压力在冷态时一般推荐为448±35 kPa。径向虚拟台架试验采用ABAQUS软件进行分析计算，首先将CATIA中创建的1～6号件三维数字模型导入ABAQUS软件中，径向载荷设置为8000 N，赋予材料以及边界条件设置后，网格采用四面体C3D4单元划分，建立好的有限元分析模型如图4-28所示。

图4-28 车轮径向疲劳试验分析网格模型

（2）径向试验仿真结果分析

通过有限元分析得到1～6号件的径向疲劳应力分布云图（如图4-29至图4-34所示）。

（a）正面

（b）背面

图4-29 1号件径向应力分布云图

（a）正面

（b）背面

图4-30 2号件径向应力分布云图

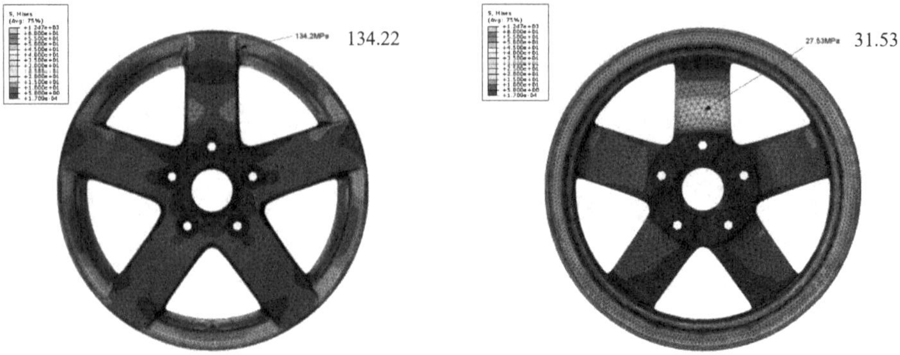

（a）正面　　　　（b）背面

图4-31 3号件径向应力分布云图

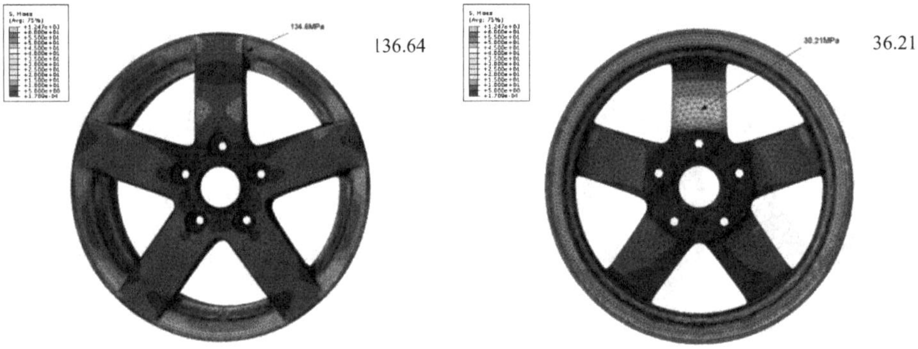

（a）正面　　　　（b）背面

图4-32 4号件径向应力分布云图

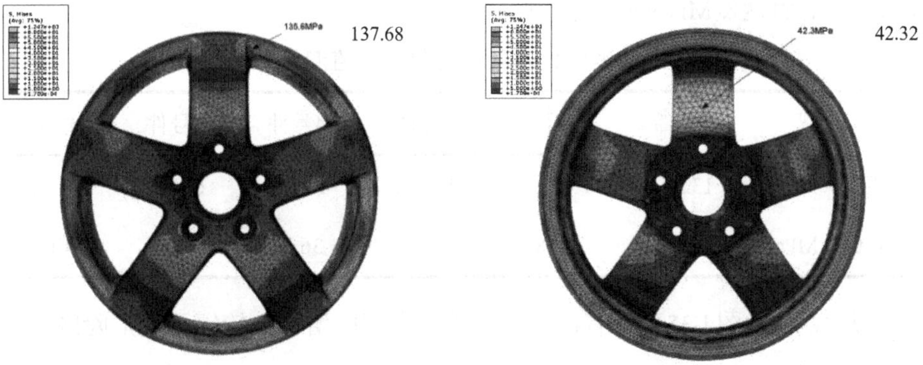

（a）正面　　　　　　　　　　（b）背面

图4-33 5号件径向应力分布云图

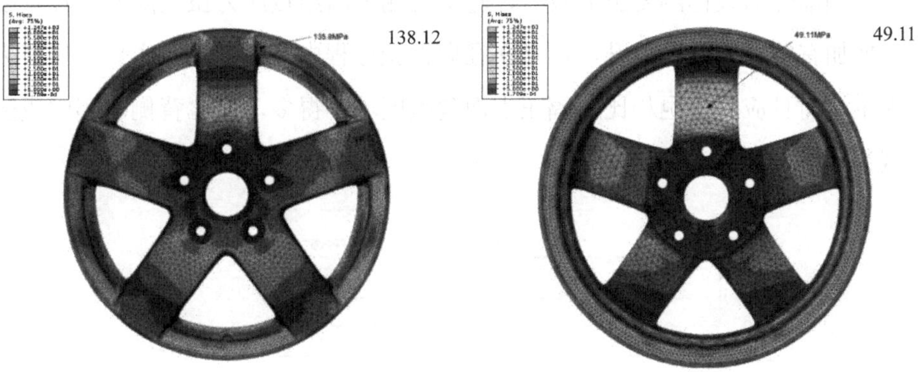

（a）正面　　　　　　　　　　（b）背面

图4-34 6号件径向应力分布云图

从上述6款样轮的有限元分析结果可以看出，径向试验中轮辐正面和轮辋过渡圆角处应力值较大，应力值偏大的部分原因是轮辐与轮辋交接处圆角偏小，这是出于造型美学的角度考量的，因此在产品造型设计时应综合考虑此处圆角值。轮辐背面一侧应力值较大的区域位于轮辐中部，此两处为较危险区域，表4-5为1～6号件轮毂正面及背面最大Mises应力值汇总表，图4-35为1～

6号件正、背两侧Mises应力分布图。

表4-5 1～6号件径向应力值汇总

轮型	1号件	2号件	3号件	4号件	5号件	6号件
正面（MPa）	132.91	133.82	134.22	136.64	137.68	138.12
背面（MPa）	27.61	29.78	31.53	36.21	42.32	49.11

从表4-5及图4-35可以看出，随着轮辐宽度的增加，轮辐正面危险区域应力随之增加，但增加幅度较小，从1至6号件仅增加3.9%（轮辐宽度增加16%），这是由于对于径向试验中加载力首先作用于轮胎表面然后传递给两个胎圈座，最后传递至轮辐。由于本分析主要考察轮辐部位宽度及厚度的变化对试验结果的影响，而轮辋的厚度及尺寸均未发生改变，轮辐宽度和厚度的变化对轮辋部位的整体刚度影响较少，轮辐背侧表面结点应力虽然随着轮辐宽度的增加有较大幅度的提升，但是在径向试验过程中此区域节点主要以压应力为主，而且应力值也相比轮辐正表面危险区域小得多，因此背侧轮辐中段区域为安全区域。

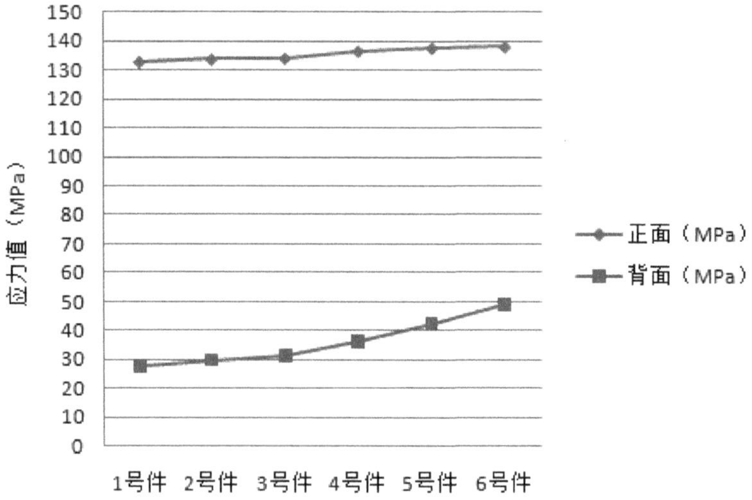

图4-35 1～6号件径向应力值分布示意图

根据轮毂实际径向台架试验经验可知，轮辐与轮辋连接过渡圆角处的确是较容易产生疲劳破坏位置，易产生开裂，而轮辐背侧径向试验中很少发生疲劳破坏，因此本虚拟径向台架试验对于易发生疲劳破坏的区域位置预测准确。

考虑到1～6款轮毂正反表面节点应力值均小于150 MPa，因此可认为6款轮毂均通过实际径向疲劳试验，但考虑到轮辐与轮辋连接处圆角偏小会导致轮辐与轮辋连接区域应力集中，而且此区域较小的圆角也会为铣削加工工序带来困难，增高生产成本，因此建议在轮毂设计时此区域结构要在保证造型美观的基础上，适当地增大连接处圆角值。

4.2.4 轮毂冲击台架试验及有限元仿真分析

4.2.4.1 轮毂13°冲击台架试验

车辆日常行驶中，特别是在城市道路行驶，经常出现轮毂剐蹭或侧向撞击路沿的情况，从而导致轮毂损坏，造成事故隐患的概率非常高。铝合金轮毂作为汽车重要的安全件和外观件，对汽车的行驶安全性和操纵稳定性有着重大的影响。

13°车轮冲击试验是铝合金轮毂抗冲击性能的主要测试方法，也是必须要做的试验。冲击台架试验主要用于检验车轮与轮胎组装后受到侧向冲击后保持密封的能力以及轮毂与轮辋的耐冲击能力，使用的试验设备是13°轿车车轮冲击试验机[61]（如图4-36所示）。

（1）试验目的及要求

模拟轮毂在实际行驶中受到石块等物的侧向冲击或轮毂撞击公路牙边的情况。试验中要求轮辐不能出现穿透裂纹、轮辐不能从轮辋上脱落和轮胎漏气现象。

图4-36 13°轿车车轮冲击试验机

（2）试验原理

轮毂13°冲击试验原理如图4-37所示，试验中轮毂安装的轴线方向与冲击重锤运动方向成13°，冲头从一定高度竖直下落冲击在轮毂上，试验要求垂直下落的冲头要与轮辋的最高点（轮辋上方230±2 mm）接触。

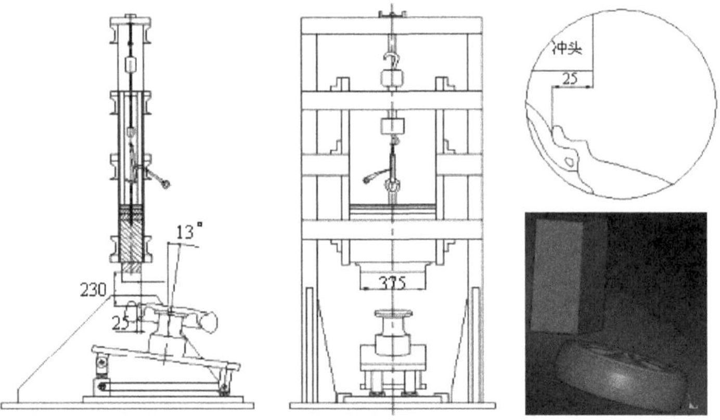

图4-37 13°冲击试验原理示意图

（3）冲击载荷确定公式

冲击载荷按照下式计算：

$$D=0.6W+180 \tag{4-3}$$

式中　D——冲锤质量（kg）；

W——轮毂最大静载荷（kg），按轮毂厂或车辆制造厂规定。

4.2.4.2 试验判定依据

各类标准均要求轮毂在经冲击试验后轮辐的任意断面处不得有目测可见的穿透裂纹，轮辐不得从轮辋上分离，轮胎内的空气不能在1.0 min内漏尽。

4.2.4.3 轮毂冲击试验有限元仿真分析

（1）轮毂冲击试验有限元分析模型的建立

根据冲击试验原理，对1～6号件分别进行冲击试验有限元模拟。采用应变值大小判断车轮的受冲击情况，冲击试验采用ABAQUS有限元软件进行分析，将CATIA中建立的轮毂三维数字模型导入有限元软件中，分别添加材料6061铝合金、冲击载荷480 kg、冲击落下高度230 mm等边界条件后，网格采用四面体C3D4单元划分，有限元分析模型如图4-38所示。

图4-38 车轮冲击试验有限元分析网格模型

（2）轮毂冲击试验结果分析

通过有限元仿真分析，得到的1～6号样轮13°冲击试验塑性应变分布云图如图4-39至图4-44所示。

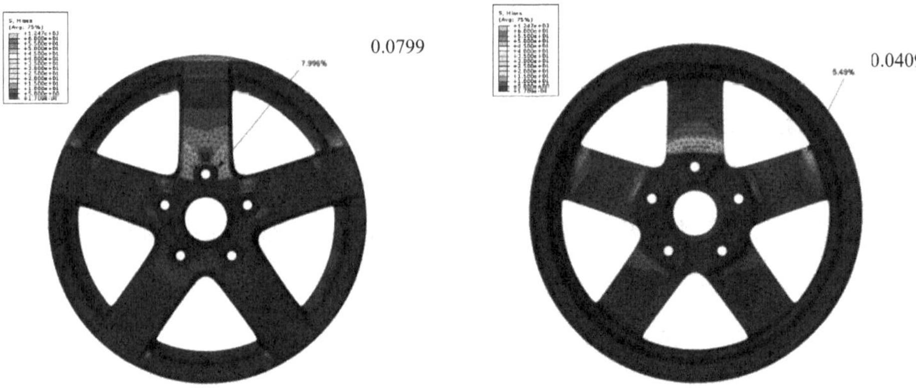

（a）正面　　　　　　（b）背面

图4-39 1号件13°冲击应变分布云图

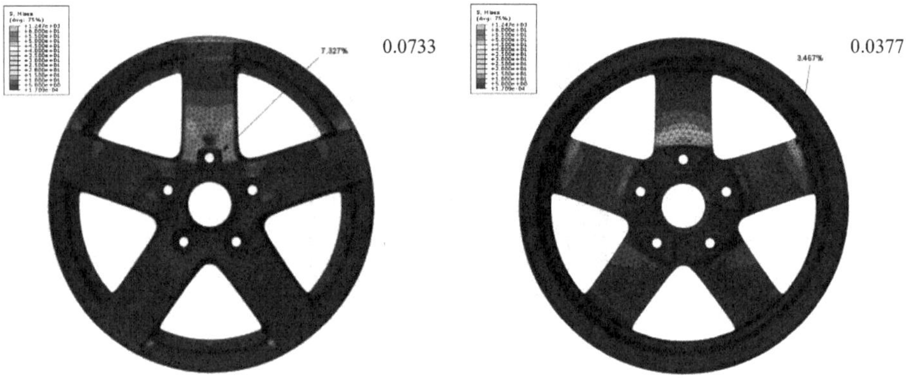

（a）正面　　　　　　（b）背面

图4-40 2号件13°冲击应变分布云图

（a）正面

（b）背面

图4-41 3号件13°冲击应变分布云图

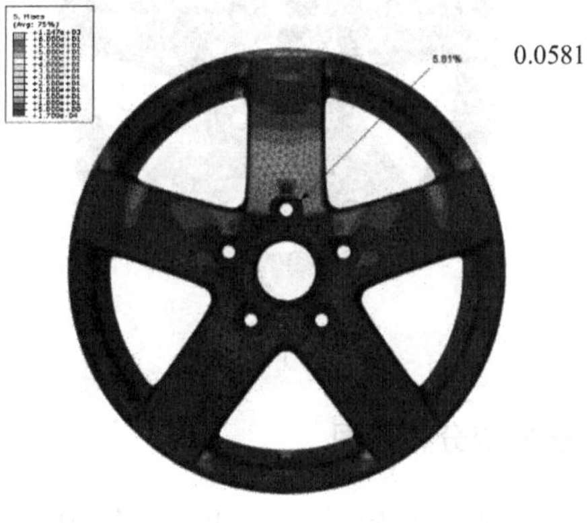

（a）正面

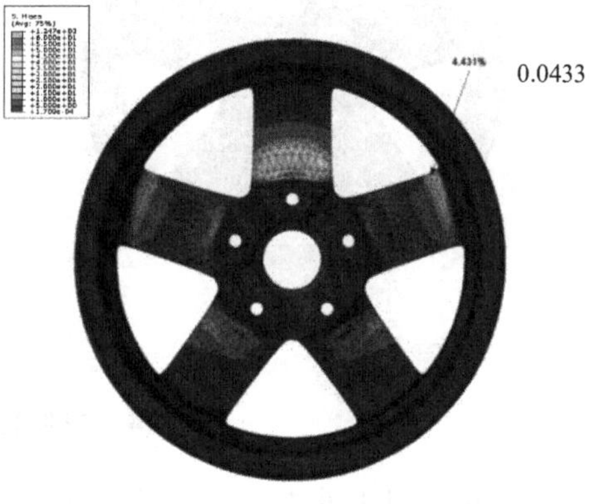

（b）背面

图4-42 4号件13°冲击应变分布云图

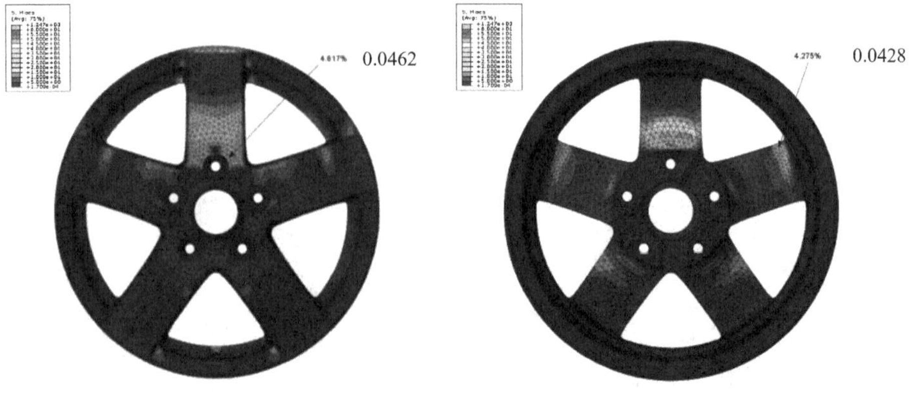

（a）正面　　　　（b）背面

图4-43　5号件13°冲击应变分布云图

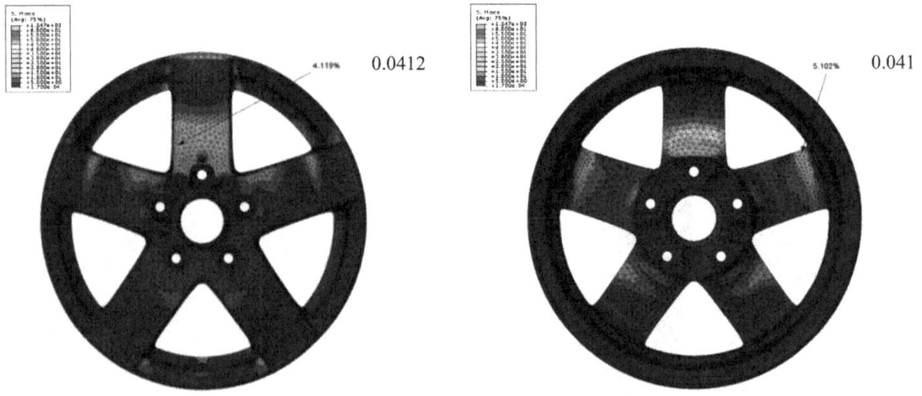

（a）正面　　　　（b）背面

图4-44　6号件13°冲击应变分布云图

根据以上冲击试验塑性应变分布云图，能够看出正面应变主要集中在轮辐靠近轮芯部位，背面应变集中在轮辐靠近轮心的根部和轮辐与轮缘交接的窗口部位，以上两处位置为较危险区域，1～6号样轮冲击试验等效应变汇总如表4-6所示，等效应变数值分布如图4-45所示。

表4-6　1～6号件等效应变数值汇总

轮型	1号件	2号件	3号件	4号件	5号件	6号件
正面（MPa）	0.0799	0.0733	0.0658	0.0581	0.0462	0.0412
背面（MPa）	0.0409	0.0377	0.0399	0.0433	0.0428	0.0410

从图4-46可知，轮辐正表面靠近轮芯区域塑性应变值，随着轮辐宽度的增加而减小，原因可能为宽度的增加相当于增大了冲击受力面积，减少了冲击作用，从而导致危险区域节点受到的拉应力也随之减少，易产生冲击破坏，而轮辐背面的危险区域节点以受压为主，因此不易产生冲击破坏。实际轮毂冲击试验中，失效位置也主要发生于轮辐靠近轮芯区域，因此本虚拟冲击试验冲击断裂位置预测准确。

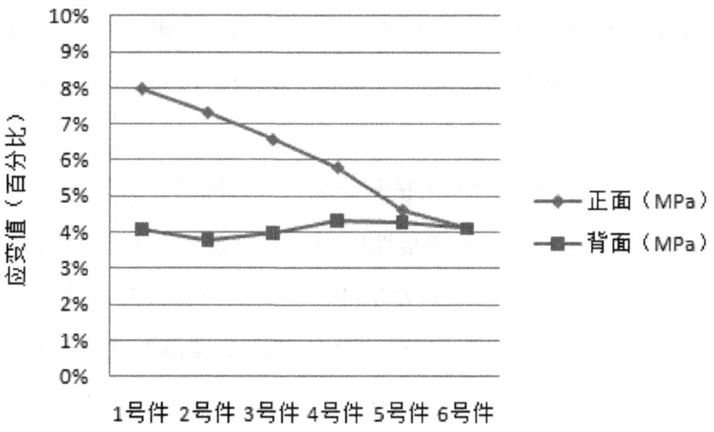

图4-45　1～6号件等效应变数值分布示意图

从等效应变数值汇总表4-6可知，从1至6号轮辐宽度增加16%，塑性应变降低了48.4%，而1～6号件正表面轮辐的塑性应变在4%～8%之间，均小于某轮毂制造厂实际经验低于10%的塑性应变指标，而且方案中轮毂为锻造铝合金车轮，锻造车轮的延伸率远高于铸造车轮，因此上述方案均能通过实际13°冲击台架试验。

4.2.5 轮毂可靠性试验结论

综合径向疲劳、弯曲疲劳以及13°冲击试验的有限元分析结果，可以得出以下结论：

（1）轮辐尺寸的变化对弯曲试验影响较大，随着轮辐宽度的增加，轮辐厚度随之降低，导致抗弯截面系数I_z随之降低，轮辐抗弯能力减弱，从1至6号轮辐宽度增加16%，正表面危险区域应力增加19%，因此弯曲试验中正表面两根轮辐中心夹角连接处为危险位置，最容易开裂破坏，虚拟弯曲台架试验对于易发生疲劳破坏的区域位置预测准确。

（2）轮辐尺寸的变化对径向试验影响不显著，轮辐正面危险区域应力随着轮辐宽度的增加随之增加（增加量在4%以内），但是轮辋结构尺寸未发生变化，而轮辐宽度和厚度的变化对轮辋部位的整体刚度影响较少，因此应力增加幅度较小，而从预测角度来看，本虚拟径向台架试验对于易发生疲劳破坏的区域位置预测较为准确。

（3）轮辐尺寸的变化对冲击试验影响较大，随着轮辐宽度的增加，轮辐抗冲击能力随之提升，危险区域塑性应变大幅度降低，从1至6号样轮塑性应变降低了48.4%，虚拟冲击试验对发生冲击断裂的位置预测准确。

（4）综合上述弯曲疲劳、径向疲劳以及冲击虚拟台架试验结果，4号轮综合性能较好，塑性应变控制在6%以内，而4号件对应的是样本19，正是第1章图1-19及第4章图4-1中按照视觉美学规律（轮辐的宽度、长度约等于黄金比及“图”“底”比例符合渗流美学）设计的标准轮毂（15×6J，简约型风格）样本，同时也是调查问卷中得A票率最高的轮毂样本，因此本次试验4号轮的综合性能最优，为最佳优选方案。

结合以上结论，轮毂可靠性试验仿真分析对轮毂造型实践具有重要的指导意义：

（1）铝合金车轮13°冲击试验、弯曲疲劳试验、径向滚动疲劳试验有限元仿真计算能够比较准确地预测轮毂主要受力情况和疲劳损伤部位，对轮毂设计研发过程中的前期造型设计提供了实际的工程指导，有助于提高产品设计研发效率。

（2）为工业设计师在简约型风格轮毂造型时提供了轮辐宽度范围实践参考值。1～6号件对应轮毂样本16～21，这六款轮毂样本是基于造型美学理论、感性工学方法及视觉美学试验得到的用户满意度较高的轮毂样本，且都通过了虚拟台架试验验证。单个轮辐宽度范围为62～72 mm，此宽度范围值对于简约型风格轮毂造型即可作为工业设计师在简约型风格轮毂造型时的实践经验参考值使用。而且轮辐宽度为68 mm的4号件（对应轮毂样本19）在“技术”与“美学”的双重考量下表现最优，更具参考价值。

第5章　轮毂轻量化设计与智能化设计

技术美学要想成为一门真正独立的学科，必须建构自己独有的概念、范畴体系，揭示自身研究领域的审美规律。而技术美，功能美，形式美，产品实用、认知、审美功能的关系，结构、形式与功能的关系等等都成为技术美学理论中的重要内容[62]。

轮毂的技术美学不仅为最佳而合理的设计观提供思想基础，也为设计活动提供理论指导。未来轮毂技术美学的研究不应只是告诉人们什么是技术美，更重要的是使人们懂得怎样才能创造和实现技术美。

5.1 轮毂设计技术美学的发展与未来

轮毂技术美学的未来一定是伴随着科学技术的发展而发展的，“自动化、信息化、智能化”是制造业发展的必由之路，而轮毂的轻量化及智能制造已成为世界汽车工业发展的必然趋势。

2008年国际金融危机之后，世界各国开始重新重视制造业，开始呈现出从传统制造业向先进制造业转型和发展的趋势[63]：

（1）从“硬性制造”到“软性制造”的趋势

软性制造，就是增加产品附加价值，拓展更多、更丰富的服务与解决方案。产品内置的软件、附带的服务或者解决方案通常是软性和无形的，故称为软性制造[64]。

相对于传统制造业，当今的制造业是软件决定硬件功能并控制硬件，对商品附属的服务或者基于商品解决方案的需求正在快速增加。未来的制造业要放弃传统的“硬件式”思维模式，从软件、服务产生附加值的角度去发展制造业[65]。

（2）从“物理”到“信息”的趋势

随着封装化、数字化进展加速，零部件生产加工技术开始向新兴市场国家转移，导致零部件本身利润难以维系。因此，发达国家制造业开始注重通过组装零部件进行封装化，将部分功能模块化，将系列功能系统化，来提升附加价值。以系统化为主导，“物理”意义上的零部件会携带更多“信息”功能的附加价值。

（3）从“群体”到“个体”的趋势

以规模化为特点的量产制造业生产基地转移至新兴市场国家后，以定制化为重点的多种类、小批量制造业渐成主流。根据个性化需求进行定制，是“大规模定制”的最新潮流。个性化定制是根据消费者的需求进行柔性化定制服务，提供方凭借优越的设计，形成与大量生产的差异化竞争。

（4）从“独立制造”到“互联制造”的趋势

随着信息技术和互联网、电子商务的普及，制造业市场竞争的新要求出现了变化。一方面，要求制造业企业能够不断地基于网络获取信息，及时对市场需求做出快速反应；另一方面，要求制造业企业能够将各种资源集成与共享，达到合理、充分利用的目的[66]13。

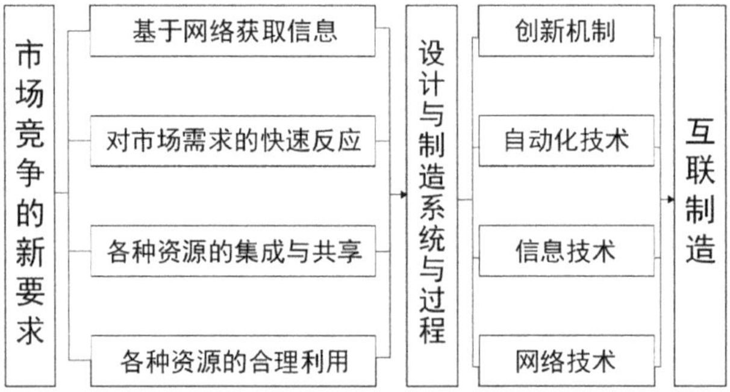

图5-1 制造业市场竞争新要求与互联制造的产生

如图5-1所示，市场竞争新要求促使互联制造的产生。互联制造意味着企业掌控网络主导权，快速响应市场变化，动态协同并快速配置制造资源并获取先行者利益。作为未来潮流之一，工厂将通过互联网，实现内外服务的网络化，向着互联工厂的趋势发展。

（5）以3D打印技术为核心的新技术发展引领制造业的未来

3D打印技术的出现改变了传统“减材”制造模式，开启了“增材”制造的新模式。3D打印具有制造周期短、适合单件个性化需求等特点，随着数字化和信息技术的普及带来的技术革新，未来消费者本身将有能力把自己的需求付诸生产制造。

从上述五点可以总结提炼出传统制造业与先进制造业的区别，如图5-2所示。

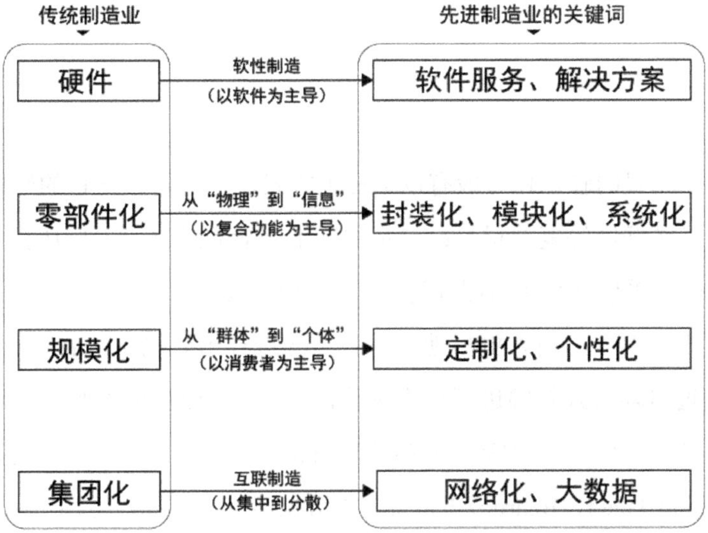

图5-2 传统制造业与先进制造业的区别[66]14

从整个汽车行业发展趋势来看，在全球气候变化趋势和各国节能减排、发展绿色经济的需求下，轻型汽车产量持续增长，预计2020年全球轻型车产量将达到1.1亿万辆，届时原产部件铝车轮全球需求量将达到3.5亿只，铝车轮市场需求将明显增大。

中国的铝车轮制造业只有从根本上摆脱当下低附加值的世界工厂地位，真正升级为高附加值的全球制造业中心，才能解决行业的生存和可持续发展问题。

世界制造业的转型升级，决定了大规模定制必将成为中国车轮制造业的发展趋势，而轮毂的轻量化及智能制造将成为其中的热点。

5.2 轮毂轻量化技术与设计

对于轮毂的轻量化一般有以下三种方式，一是轮毂材料的轻质化[67]，如镁合金、碳纤维等复合材料；二是加工工艺的先进化，如旋压技术、锻造技术等；三是采用计算机有限元进行分析减重[68]。

相比于国内，国外更早地对轮毂结构进行了研究。Miloslav、Riesner等人[69]通过对辐板式轮辐进行仿真试验，并基于弯曲疲劳试验结果对轮毂进行了优化设计。Akbulut[70]基于轮毂的冲击试验，对轮毂进行了结构上的设计优化。Hamid Jahed、Behrooz Farshi[71]以数据研究为支撑，运用Matlab对数据进行分析，对轮毂进行了设计优化。

在国内，齐铁力[72]等人利用NASTRAN软件，以轮毂结构厚度作为变量进行结构优化设计，该研究旨在降低轮毂重量及提高轮毂的强度性能。张总[73]、陆洋[74]、曲文君[75]、王慧芳[76]、王明明[77]等人运用三维建模软件，通过ANSYS等有限元分析工具，对轮毂进行结构优化及减重设计。

通过对关于轮毂文献的分析发现，我国轮毂研究中造型和结构优化相对独立，在造型设计领域缺少结构的优化；而在轮毂结构方面，过多侧重于轮毂力学性能的合理性以及减重设计，对轮毂造型美学研究甚少。

5.2.1 轮毂材质轻量化

轮毂材质轻量化是轮毂最常见以及最传统的轻量化方法，本书将其总结为两个方面：一是使用相比于钢制质量更轻的轻质材料，如镁合金、钛合金、碳纤维等，如图5-3所示；二是通过先进的加工工艺改变材料的分子结构，例如，旋压铸造、锻造等。

（a）铝合金轮毂　　（b）镁合金轮毂　　（c）碳纤维轮毂

图5-3　不同材质轮毂造型

（1）轮毂轻质化

采用轻质材料或高强度钢是汽车轮毂轻量化的重要方法，采用轻质材料可以充分发挥材料高强度、耐磨、耐热的特性，轻质材料的密度低于传统钢材，具有极大的轻量化优势，如表5-1所示。

表5-1　不同材质轮毂对比表

材料名称	减重效果	优缺点
钢制轮毂	无	成本低、造型单一、散热差
铝合金轮毂	比同尺寸钢轮轻2 kg	质量轻、散热好、造型多样
镁合金轮毂	比同尺寸钢轮轻60%	质量轻、强度大、成本高
碳纤维轮毂	比同尺寸铝合金轮毂轻40%	质量超轻、强度大、成本高

（2）先进轻量化工艺应用

相比于传统的重力铸造法，采用先进的铸造工艺，可以有效减少轮毂产生的气孔，使材料的分子结构排列更加紧密，提升轮毂材料的强度。轮毂先进的制造工艺主要包括：低压铸造法、旋压技术以及锻造法。

低压铸造简单来说，就是用干燥的空气将保温炉内熔融的金属液自下而上压入模具中，铸件在压力状态下凝固后，释放压力，完成铸造。低压铸造的工作原理如图5-4所示，将熔化的铝液装入密闭的坩埚中，将压力为0.01～0.05 MPa的干燥清洁的压缩空气压入坩埚中，铸件型腔和坩埚会形成压力差，在压力差的作用下，熔融的金属液沿升液管上升，通过铸型浇口被均匀地压入铸件型腔内。待熔液充满型腔以后，加大压力，直到金属液开始凝固。当金属液温度降到熔点以下，释放压力，升液管中的金属液会沿着升液管流回坩埚中，此刻低压铸造完成。

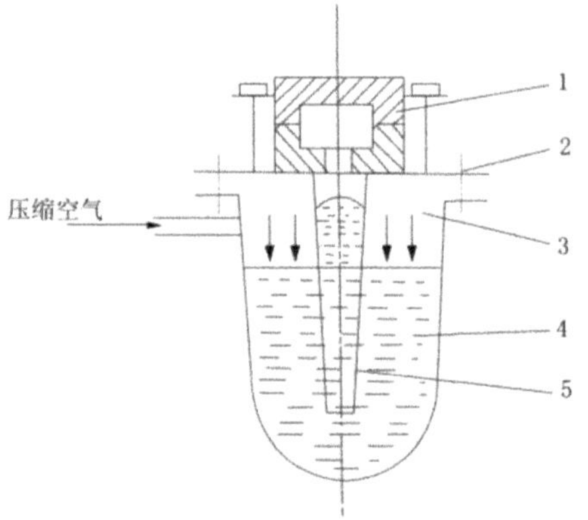

1—铸型；2—密封盖；3—坩埚；4—金属液；5—升液管

图5-4 低压铸造原理示意图

低压铸造是用压力进行充型，对浇铸结构进行了简化，大大提升了金属液的利用率。低压铸造对金属液的利用率可达90%，而重力型浇铸的利用率只有40%～60%。由于铸件是在压力状态下进行装腔和凝固的，因此，该法制造的轮毂填充型好，铸件缩松少，致密性高，产品强度更大。

充氧压铸法简称PF法，PF法原理与低压铸造法类似，不同的是在铝液往型腔压射前，用氧气代替原有的空气，在进行压射时，氧气通过排气阀排出型腔外，在高压下，未能排出的氧气与铝液发生氧化反应，形成细小铝粒，散布在轮毂内部，使轮毂内不产生气孔。用充氧压铸法铸造的轮毂气密性好、抗疲劳性强、拉伸强度良好，含气量是普通铸造轮毂的十分之一。在国外，日本轻金属株式会社1983年开始用充氧压铸法作为大批量轮毂的生产方式，并且比用传统铸造法铸造的轮毂质量轻15%。由于其优良的机械性能和轻便的质量被广泛应用于高级汽车上。另外美国的铸锻公司于1982年开始采用充氧压铸法代替了低压铸造法，制造的轮毂质量减轻了18%。

锻造是将铝合金胚料通过锻造机，对胚料进行挤压变形，产生塑性形变，使其形成需要的造型、轻度和尺寸的一种加工方式。经过锻造成型的粗胚还要经过一系列的精加工才能成为最终的成品轮毂，锻造分为一体锻造和铣锻两种加工方式。锻造是一种比铸造更加高级的工艺，在锻造过程中，改变了金属的颗粒结构，获得更加优良的物理性质，锻造后的金属内部分子排列更加密集，如图5-5所示，铸造金属分子呈纤维状，分子尺寸大概为20 μm，而铸造金属的分子结构呈蜂窝状，分子尺寸在80 μm左右。分子的排列结构和尺寸大小，也就决定了金属的物理性质，经过锻造的轮毂与铸造轮毂相比，锻造产品不仅比铸造产品更加坚固、更硬，而且韧性更好。

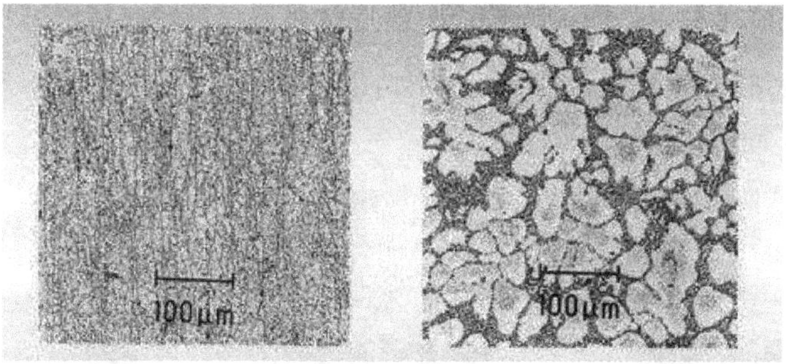

图5-5 锻造（左）和铸造（右）分子排列对比图

由于锻造轮毂的结构更加紧密，所以铸造轮毂必须使用更多材料才能达到强度要求，经过测试，选相同尺寸的18×8.5J轮毂作对比，铸造轮毂的质量为11.25 kg，而锻造轮毂的质量只有8.1 kg，同尺寸的锻造轮毂的质量要比铸造轮毂轻30%左右。

正是由于不同加工工艺导致的金属物理性质的不同，锻造轮毂可以比铸造轮毂制造得更加纤细（如图5-6所示），也更加轻量化。铸造轮毂是将金属熔化后浇铸而成，不可避免地会产生气孔、夹杂等缺陷，并且由于铸造轮毂一般选用A356铝合金，抗氧化能力低，加工完成后，表面容易变黑，而锻造轮毂一般选用6061铝合金，在抗氧化方面要明显优于铸造轮毂，不用经过涂装处理，使用一段时间还是光鲜亮丽。

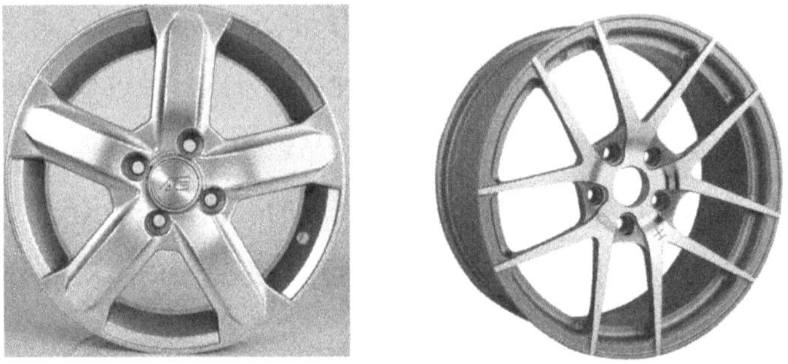

图5-6 铸造轮毂（左）与锻造轮毂（右）造型对比

在轮毂轻量化的趋势下，旋压轮毂已经成为最为安全和经济的加工方式，旋压技术（低压铸造+轮辋热旋压）是在一定的压力和温度下，将铸造粗胚安装在旋压机上，通过滚轮的不断旋转挤压，轮辋在挤压过程中不断进行延展，达到需要的形状，加工过程如图5-7所示。在强度方面，旋压铸造＞低压铸造＞重力铸造。

（a）旋压毛坯　　（b）预加工　　（c）旋压轮毂

图5-7 旋压轮毂成型图

旋压工艺改变了其加压部位的分子结构，使其结构呈现出比铸造更高的纤维状（如图5-8所示），进而改变了轮毂强度，而且通过对轮辋部位进行挤压延伸，使轮辋变得更薄，这样就可以将轮毂做得更轻、更薄，重量最高可以比铸造铝合金轮毂降低15%，但其强度却可以媲美锻造轮毂。虽说强度可以媲美锻造轮毂，但无法取代锻造轮毂，锻造轮毂只要成本足够，可以锻造出品质超越人想象的轮毂。因此，MAT旋压轮毂只能主要用于民用领域，意大利著名轮毂厂商O.Z、新加坡著名品牌雅泛迪也推出了旋压轮毂，很受改装车迷的青睐。

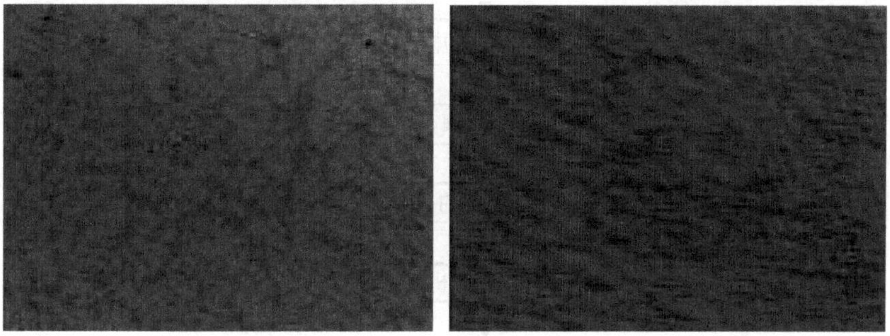

图5-8 旋压工艺前后分子结构对比图

5.2.2 轮毂结构优化轻量化

轮毂结构优化主要分为两种：一种是通过有限元分析来进行结构轻量化减重；另一种是基于计算机辅助设计的3D打印技术。

结构优化设计最早始于20世纪60年代，主要应用于航天领域，随后发展到机械、船舶等各个领域，到了70年代，开始应用到水利工程方面。伴随着力学、数学，以及CAD、CAE等计算机辅助设计的飞速发展，借助计算机技术，可以对飞机、汽车的零件进行结构优化设计，达到轻量化的目的。在保证结构以及力学性能符合要求的前提下，去除结构中多余和无用的材料，达到力学性能最优、结构质量最轻的目的。现阶段这种优化手段，在汽车领域应用越来越广阔，具体优化流程图如图5-9所示。

有限元优化轮毂具体步骤如下：首先根据轮毂的设计标准对轮毂进行CAD模型设计或者对现有轮毂进行CAD建模，将模型导入有限元软件，并对轮毂进行加载载荷、定义材料属性、划分网格、设置约束等操作，设置完毕后进行有限元受力分析，并对结果进行优化设计，最后再次通过有限元进行验证。若分析结果不合理，还需重新对轮毂进行修改，直至合格为止。

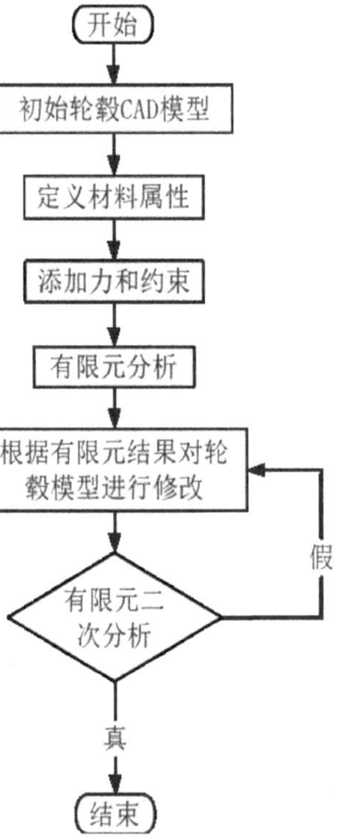

图5-9 轮毂结构优化流程图

美观、结构合理、轻量化的轮毂设计必然是通过计算机进行优化的，但目前有限元结构优化过程中，工程师往往根据经验进行结构优化，没有完善的理论依据进行指导，很难保证修改后的轮毂结构最佳，轮毂的轻量化程度最合理。

3D打印是建立在CAD、CAE等计算机辅助设计基础上的，通过3D打印可以设计出工艺复杂、结构多样的轮毂造型，同时减轻轮毂重量。3D打印技术是快速成型技术的一种，是一种较为新型的技术，其以数字模型为基础，通过粉末金属或者塑料丝一层一层黏结成需要的形状。3D打印一经问世，就得到快速发展，被运用建筑、航天、汽车等各个行业。在2018年HRE推出世界首款3D打印钛合金轮毂（如图5-10所示），利用3D打印突破工艺对造型的束缚，创造出传统制造方式无法达到的造型，得到的轮毂不仅强度高，而且质量也更轻。在同等质量下，传统锻造方式制造的轮毂大约需要切削80%的金属才能完成一个达标的轮毂，而3D打印只需要切削大约5%，并且还可以进行回收利用，相比于传统制造，3D打印轮毂大大节约了材料，减少了对能源的消耗，对节能减排具有重要意义。

图5-10 3D打印轮毂

5.2.3 拓扑优化造型设计轻量化

根据优化对象及目标的不同，拓扑优化可以分为两大类，即离散型拓扑优化和连续性拓扑优化[78]，离散型拓扑优化以桁架结构为研究对象，而连续性拓扑优化主要确定材料的最优分布问题。由于离散型拓扑优化在工程中应用较为广泛，其分析也较为简单，因此拓扑结构研究最早是从离散型开始的。

早在1904年，Michell[79]提出运用解析法分析桁架结构在单载荷应力约束的情况下，质量最轻的桁架结构所应满足的条件，被称为Michell准则，是拓扑优化的一个里程碑。之后拓扑优化几乎停滞不前，直到1960年Dron等人[80]提出了基构法，通过引入数值法，给定一个所有构件的基结构模型，以应力作为约束条件，内力作为设计变量，通过一定的优化算法，删除不满足条件的构件，剩下的构件就是最佳拓扑结构。由于离散型拓扑优化的特点是离散的，在数学模型中不可微，研究难度大，研究学者逐步转入连续性拓扑优化，但连续性拓扑结构复杂、计算量大，发展一直较为缓慢，直到1989年丹麦学者Bendsøe[81]提出了均匀化方法，此后，拓扑优化进入了蓬勃发展阶段。

连续性拓扑优化是研究结构的材料分布问题，并根据负载条件、约束和性能指标等条件，在设置的设计区域中寻求最佳的材料分配（有无孔洞，孔洞位置、数量、大小以及其连接方式），使其在满足工况、位移等约束条件下，达到设计目标（质量最小、强度最大等），拓扑优化过程如图5-11所示。

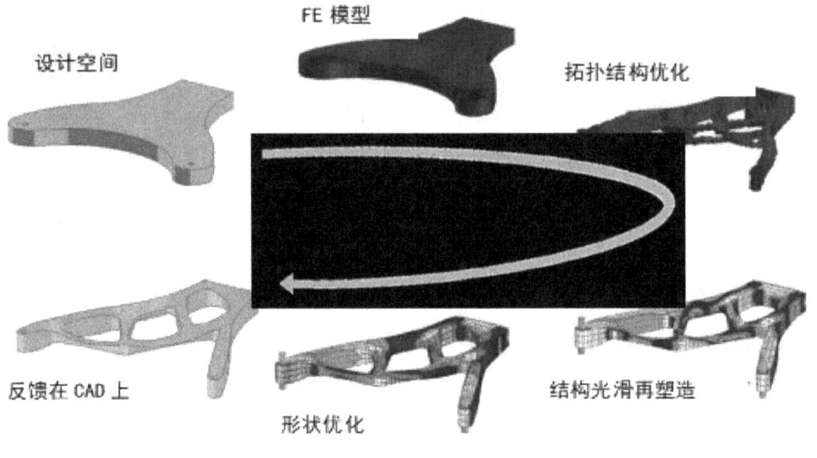

图5-11 拓扑优化过程

目前连续性拓扑优化的方法主要有均匀化法、变密度法、变厚度法等。

（1）均匀化法

均匀化法的基本思想是将微结构（单胞）引入需要优化的材质当中[82]，将整体结构看作是由一个个的微结构组成，通过对微结构的尺寸进行调整，从而实现对结构整体密度、尺寸的调节。均匀化法首先需要将设计区域进行有限元划分，离散成有限个数的单元，设定每个单元只含有一个微结构，然后将离散的微结构作为研究对象，建立以各个单元的弹性模量、密度等材料参数为变量的函数，将微结构的尺寸作为设计变量，将柔度最小（或刚度最大）作为设计目标，对目标函数进行优化。拓扑优化过程中，根据微结构尺寸发生的变化来对单元进行增加或者删除，以实现拓扑模型和微结构尺寸的连续和统一。设计区域可以看作由多个微结构均匀排布组成，我们选取中间有孔洞的微结构为研究对象，每一个微结构如图5-12所示，当中间孔洞被填满时，我们认为该处有实体填充；若孔洞没有被填满为空时，我们认为此处没有实体，是被删减去除的部分。即以微结构的孔洞边α、β以及角度θ为设计变量，当α、β为1时，认为该处有实体填充，为材料部分；当α、β为0时，认为此处是删减部分，无实体结构，如图5-12所示。

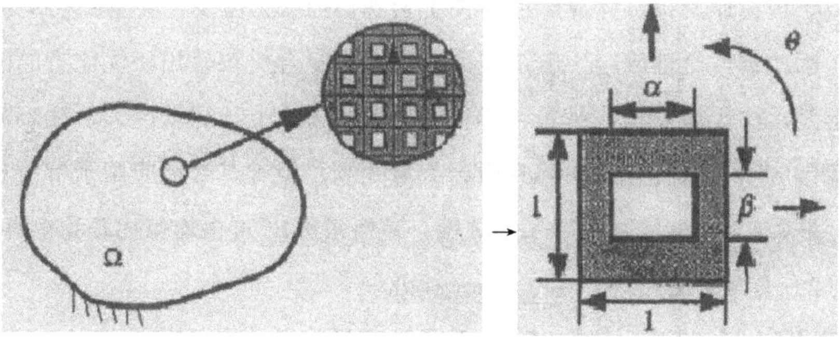

图5-12　均匀化法微结构

当设计目标为以柔度最小时，以材料的体积作为约束条件时，均匀化方法优化的数学模型如公式（5-1）所示：

$$\begin{aligned}
&\text{Find} \quad \{[a(x),b(x),\theta(x)],x\in\Omega\}\\
&\min \quad C(a(x),b(x),\theta(x))=F^{\mathrm{T}},U(E_n([a(x),b(x),\theta(x)])\\
&\text{s.t.} \quad \int_{\Omega} v(x)\mathrm{d}\Omega \leqslant V\\
&\qquad a,b\in[0,l],\theta\in\left[0,\frac{\pi}{2}\right]
\end{aligned} \tag{5-1}$$

其中，$a(x)$、$b(x)$、$\theta(x)$分别表示微结构单胞的几何尺寸和空间角度，x为设计域Ω内的微单胞，C为目标函数。F、U分别表示外荷载和节点位移，E_n为均匀化方法得到的单胞等效弹性张量，v为单胞x中实体材料的体积，V是整个结构里的材料体积上限，l表示单胞的尺寸。

均匀化方法是Bendose和KiKuchi于1988年提出的，标志着连续性拓扑优化的研究进入一个新的阶段，程耿东和Olhoff在薄板优化设计中，首次将微结构引入均匀化法中，之后经一系列学者研究逐步将此法完善，成为一种应用广泛的物理描述方法。在均匀化方法中，将复杂的拓扑优化转变为简单的尺寸优化，奠定了连续性拓扑优化持续发展的基础。由于均匀化方法有严密的力学和数学理论作支撑，计算严谨，便于宏观把控应力应变，容易获得局部最优解，因此被广泛地应用于解决平面、三维和复合材料等拓扑优化方面的问题。但是，由于微结构数量多、形状变化大，再加上计算量巨大，很容易引起棋盘效应[83]，且优化结果容易引起大量孔洞，很难有效地应用于解决实际工程问题中。

（2）变厚度法

变厚度法将设计区域的厚度作为设计变量，以结构厚度最优分布作为设计目标，通过边界设计约束及性能要求，删除低于设计要求厚度的单元结构，完成连续性拓扑优化的要求，如图5-13所示。变厚度法是在基结构法的基础上进行研究的，基结构法将设计区域通过有限元的方法离散成有限个数的结构单元，在不同条件的约束下，通过计算机算法，判断单元的去留，使设计区域出现孔洞结构，达到拓扑优化的结构。

图5-13 变密度法

变厚度法借鉴基结构法，将单元厚度作为设计变量，将拓扑优化问题转变为广义尺寸优化，在满足工况载荷和其他约束的情况下，通过删除厚度达到柔度最小（或强度最大）的设计目标。由于变厚度法针对的是设计区域厚度的更改，方法较为简单，针对平面、弯板以及壳体等问题可以得到较好的解决，但对于三维结构，便显现出一定的局限性。

在二维问题中，变厚度法的数学模型表达如公式（5-2）所示：

$$
\begin{aligned}
&\text{Find} \quad h_i \ (i=1,2,\cdots,n) \\
&\min \quad V=\sum_{i}^{n} h_i s_i \qquad\qquad (5\text{-}2) \\
&\text{s.t.} \quad |\sigma_i| \leqslant [\sigma] \\
&\qquad\quad h_i \in (0 h_0
\end{aligned}
$$

其中，h_i为第i个单元的厚度；s_i为单元的面积；σ_i为第i个单元的应力；h_0为单元厚度的上限。

（3）变密度法

变密度法是在均匀化方法的基础上发展起来的，均匀化法在计算过程中需要求解大量的微分方程，这就导致了计算的复杂性，求解过程中会耗费大量时间，而变密度法引入一种假定的密度可变的材料，并且建立材料物理性质与密度的函数关系，通过建立的函数关系将拓扑问题转化为材料分布问题。与均匀化法相比，变密度法不用考虑微结构的各种物理参数，计算效率显著提高。与均匀化微结构不同的是，变密度法引入的假定单元密度都是相同的，因此，变密度法的核心思想是，在拓扑优化时，将材料的单元密度作为设计变量，在满足工况载荷、形状控制等设计要求的基础上，对材料的密度进行计算，对不满足要求部分的材料密度进行删减，已达到材料的最优分布，如图5-14所示。

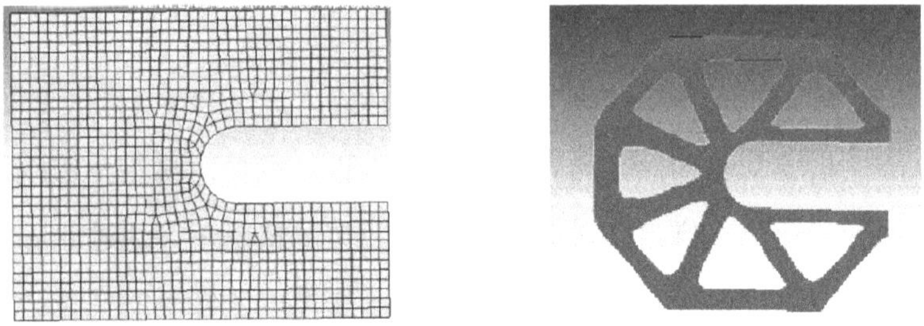

图5-14 变密度法计算结果

在基于变密度法的拓扑优化方法中，将单元密度设置为设计变量，在优化计算过程中，设单元密度的相对密度为x_i，固有密度为ρ^0，建立设计变量与相对密度的函数关系为$\rho = x_i \times \rho^0$。在函数中，使单元的相对密度尽可能服从0-1分布，当相对密度为1时，则表明相对密度大于或等于固有密度下限，则单元密度予以保留；当相对密度为0时，则表明相对密度小于固有密度下限，此处的单元密度应予以删除。如果以结构的柔度最小（或刚度最大）为目标，考虑结构中的平衡条件、材料体积等参数的约束，则变密度法的拓扑优化数学模型见公式（5-3）所示：

如果相对密度x_i服从0-1分布，则变为离散分布，不满足要求，因此，应先将相对密度分布连续化，如公式（5-4）所示：

$$K_i = (x_i)^p K_0 \tag{5-3}$$

其中K_i为单元的相对刚度，K_0为固有刚度，p为惩罚。

求：$X = (X_1, X_2, \cdots, X_n)^{\mathrm{T}}$

最小化：$C = F^{\mathrm{T}}D = D^{\mathrm{T}}KD$ （5-4）

并满足：$1) f = (V - V_1)/V_0; 2) 0 < X_{\min} \leqslant X_e \leqslant X_{max}; 3) KD = F$

其中V、V_0、V_1分别结构充满材料的体积、设计区域的体积以及密度小于V_{max}那一部分材料的体积；f 为材料的剩余率；X_{max}和 X_{min}分别为相对密度的上下限。

相比于均匀化法，变密度法计算相对简单，无须引入微结构，在计算结果中可以有效地消除“棋盘”效应，使结果更加具有稳定性，被广泛地用于多工况下的三维拓扑优化，在实际工程问题中，有巨大的实用价值，但对于相对密度介于0、1之间的单元密度，难以取舍，对结果容易造成“锯齿”现象，影响结构的准确性。

（4）其他优化方法

独立连续映射方法（ICM）是由隋允康1996年提出的[84]，ICM方法与变密度法比较相似，ICM使相对密度尽可能地接近0、1这两个真实密度值，这就使得优化出来的结果更加接近设计情况，减少了相对密度取舍的不确定性。用过滤函数来建立结构的重量、刚度、许用应力以及拓扑变量之间的关系，并通过映射将拓扑变量连续化，最后用对偶规划方法，以结构质量最小化作为优化目标进行材料分布计算[85]。独立连续映射方法相对简单，计算速度快，优化结构清晰实用，被大量应用于工程领域。

渐进结构优化算法（ESO）将结构质量最小作为优化设计目标[86]，在满足应力工况的前提下，将材料的最大应力小于许用应力作为约束条件，在优化过程中，将不满足应力要求的材料逐步剔除，最终剩余的材料便为最优结构。ESO法优化物理概念明确，不会产生中间单元密度，优化后的结构明朗，具有良好的通用性，可以与许多软件结合使用，但是此方法也有计算效率不高、收敛性差等缺点。

水平集方法将结构的边界用高维尺度函数（水平集函数）中的隐式移动边界来表示，能够描述复杂结构的拓扑及边界变化[87]。对于边界的处理，在受力大的部位增添材料，在受力小的部位减少材料。水平集处理方法降低了边界的处理难度，使得结果更加光滑、清晰，不会再出现“棋盘”网格现象，但水平集法也存在效率不高、收敛性差等问题。

通过对拓扑优化分析与总结，其具备与轮毂设计相吻合的两大特点：一是拓扑优化在保证满足载荷工况的前提下，得到省材、质优的结构设计；二是拓扑优化结构的不确定性，可以拓展轮毂造型，丰富轮毂的造型库。

轮毂优化具体步骤如下（如图5-15所示）：首先根据轮毂的设计标准构建轮毂需要拓扑优化的基础形态CAD模型，接着将基础形态轮毂导入拓扑优化软件Solid Thinking Inspire中，在软件中根据轮毂的受力大小进行加载载荷、定义材料属性、设置约束、设置对称周期、设置拔模方向等操作，接着设定轮毂优化目标。出于对轮毂安全性的考虑，将拓扑优化目标设定为结构刚度最大，并设定轮毂剩余材料质量百分比。对轮毂进行拓扑优化计算，根据拓扑优化计算结果，对轮毂进行可制造处理并根据设计师设计结果对轮毂进行修改，重新建立CAD模型，最后对轻量化处理后的轮毂进行有限元轮毂试验仿真分析。如果有限元分析结构合理则完成轮毂轻量化优化设计，如果分析结果不合理，再重新进行拓扑优化。

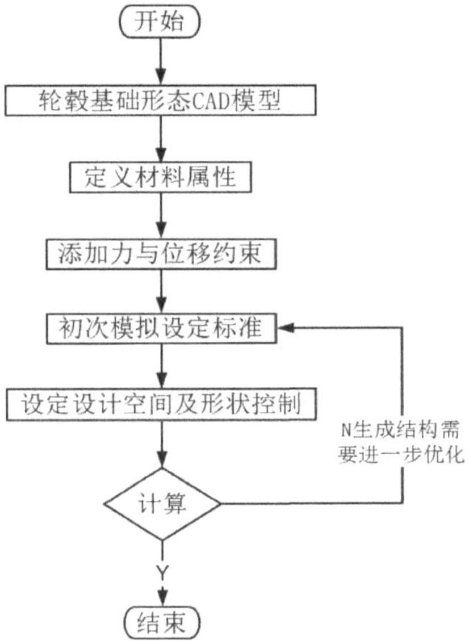

图5-15 轮毂优化步骤

目前拓扑优化轻量化轮毂可以应用到以下三个方面：一是面向不同车型的轮毂适配问题。汽车根据功能和作用划分为不同车型，有微型车、小型车、紧凑型车、中型车、大型车等不同级别，每个级别的车的质量与尺寸都不尽相同，面对不同车型的轮毂的适配，如果单一地将轮毂按比例缩放，显然是不合理的，因此，通过对不同车型的不同尺寸的轮毂分别进行拓扑优化，可以对轮毂与车型进行合理的匹配。二是面向原有轮毂的减重问题，针对现有轮毂重量大的问题，可以在现有轮毂的基础上对轮毂进行轻量化减重，通过拓扑优化的再设计，可以有效减轻轮毂质量，减少汽车的耗油量。三是面向个性化轮毂改装。改装车已经发展为一种趋势，而轮毂就是汽车改装中重要的一部分，绚丽新颖的轮毂造型可以有效地提升汽车的档次。

拓扑优化引入轮毂轻量化造型设计当中，是未来轮毂设计美学的重要趋势之一，为最终设计出造型新颖、结构合理且具轻量化特点的轮毂提供了新路径。

5.3 智能制造与轮毂智能化设计

随着全球经济一体化的发展以及工业化和信息化的深度融合，作为国民经济脊梁的制造业正面临着深刻变革。西方发达国家提出的制造业回归以及劳动密集型制造业向东南亚国家的转移，使得中国制造业受到两端挤压，传统的生产模式难以满足制造业变革的需要，我国制造业产业转型升级势在必行。

智能制造战略的研究是当前企业发展十分紧迫的需求。中国制造业在成本竞争的压力下，已经陷入“低端锁定”的困境；而在我国国家层面的指导思想下，中国的制造企业围绕智能制造技术开始了新一轮的技术升级和工业革命。传统的高能耗、低价值，依靠低廉劳动力成本优势的制造战略模式已经逐渐不能适应时代发展的需要，如何围绕方兴未艾的智能技术，开发企业成长发展的新引擎，是企业赢得未来的重要举措[88]。

轮毂的技术美学发展必然依托于轮毂智能制造技术的研究，这将大大增强轮毂技术美学理论的应用价值，同时能够降低企业的成本，对于其他制造业企业来说具有一定的借鉴和应用意义。

5.3.1 轮毂智能制造研究

轮毂智能制造研究可以从智能设计、智能生产、智能制造服务三个方面开展：

（1）智能设计方面

智能设计与传统的设计研究主要区别在于，传统的设计主要基于已有的工艺数据体系，具备一定的参考限制性，而智能制造背景下的设计，实质区别在于，设计的本身已经突破了原有的数据体系，更多地依赖于大数据，具备全方位的模拟验证手段，确保设计过程的可靠性以及针对产品系统的优化诊断，能够达到极值的优化设计结果。主要应用的工具有CAM/CAD、网络化协同设计、模型知识库等。例如基于轮毂技术美学衍生出的轮毂智能形态系统，依赖于各级知识库及网络协同设计，对轮毂造型进行前期的设计优化，与后续的生产加工进行无缝对接，并且随着数据库的不断扩充，整个智能设计系统也会不断地演进发展。

（2）智能生产方面

智能生产主要涉及两个层面，一个是基于生产产品交付的全过程工程技术系统，他们包含精益生产中所提及的“准时化”生产理论，同时包含具备自我修正的智能化制造系统以实现智能化的制造过程，更需要体现可视化的全过程排产系统以实现最优的制造排产结果，确保产品的优质、高效、低成本。例如大野耐一在丰田公司推广的 TPS 生产方式，就是完全基于“准时化”。另一方面，智能生产需要有预防效应的全价值链仿真系统，降低过程防错成本。

（3）智能制造服务方面

智能制造服务所涉及的主要内容是指基于产品的输入和产品输出后的全过程，如何通过智能制造的系统，将产品的输入确保全面对称、及时有效并有实时的监控优化系统能力，对于产品输出后的全过程追踪与有效控制，并确保信息途径双向有效，得到全价值链的有效贯通。

5.3.2 轮毂智能制造实施

基于工业 4.0 及我国制造业相关理论和铝制轮毂行业的现状，借鉴国内外企业实施智能制造的经验，铝制轮毂制造行业智能制造基本模式考虑按照装备智能化、车间智能化、工厂智能化、大数据应用的基本思路来进行方案设计，具体如下：

（1）装备智能化

将现有的设备升级为智能装备或者新购置智能装备，其一是将专家的知识和经验融入相关的制造活动中，其二是赋予产品设计制造在线学习和知识进化的能力，最终实现自学自律制造。

（2）管理智能化

管理智能化是智能制造的重点，需要将传统的以人为基础的管理方式转化为以机制和算法为基础的管理方式。管理智能化在制造企业中可以分为两个层级。

首先是车间级别的管理智能化。对于铝轮毂制造企业，主要有三类车间，一类是热加工车间，一类是机械加工车间，一类是涂装车间，不论哪一种，其核心都必须明确生产什么、设备状态、物流配送、作业指导、生产统计、生产防错、质量控制、产品发运等，需要利用智能制造的方法，结合企业投入的硬件，设计智能管理应用方法，并对操作人员进行培训。

其次是工厂层级的智能管理化。工厂智能化是实现高效生产的关键，也是智能制造转型的难点所在。要从全局把握智能制造的方向，将其转化为企业提升的动力，是如今行业界正在探索的热点。对于当前的铝制轮毂制造企业，必须结合客户越来越多小批量多品质生产的要求，设计工厂层级的智能管理方案。

（3）大数据应用

大数据是智能制造的重要支撑。在企业运行的过程中会产生形形色色、规模巨大的数据，如何对这些“大数据”进行挖掘、整理、分析，是成功落实智能制造的重要因素。对于铝制轮毂企业，可以结合从采购到销售全过程的数据的收集、整理、分析，达到指导企业精准销售、降低物流和库存的成本、减少生产资源投入的风险等目的。

5.3.3 轮毂智能化设计系统

轮毂智能化设计系统必然离不开计算机辅助设计，目前智能计算机辅助工业设计仅仅为设计师提供一个构建产品的窗口，但是对于设计者的创意产生以及结构工艺没有进行任何的帮助，都是依靠设计师的个人经验在进行黑箱操作，并且学习这类软件所需时间又较长，设计新人并不能快速掌握。同时对于经验型设计师而言，辅助设计软件减少的是制造与生产所需的时间，不过对设计者的设计过程并没有达到任何帮助，在需要产品快速设计的市场环境中，设计者工作负担反而更重。设计师急需智能化的辅助设计工具，目前电脑辅助工业设计技术，能以各类智能演算方法或系统辅助取代传统设计师所做的复杂性工作，而更高理想是以智能化来辅助设计决策[89]。

计算机辅助工业设计技术是多学科融合的技术，其在设计理论、产品造型、人机交互、智能化设计、多功能开发等方面理论基础较完备。相关研究有：基于语义的产品形态设计；基于组合原理的概念创新设计方法，从草图特性出发，运用计算机仿真建筑师对空间的排列；Hsiao和Huang应用参数化设计与特征结合算法，减少设计师的设计发想时间，智能形态设计的研究还是一个全新的课题[90]。在形态设计建模方面，Umeda提出功能—行为—状态的设计过程模型[91]。Prabbakar提出了EBSF过程模型，该模型是将环境因素纳入产品开发过程，探讨其影响程度[92]。在形态创新设计概念方面，Michal提出功能特征的概念，将造型特征与功能语义相结合。

产品造型离不开外观与结构的设计，而智能设计软件的核心同样也是产品形态与结构的设计。因此在产品形态研究中，产品的形态创新与设计占有极其重要的地位和作用[93]。相对于色彩、材质等浅层个性化需求而言，产品形态的智能化变形与设计是难点，也是瓶颈点。产品外观形态改变，是一种产品形态创新与局部微设计的过程。形态的智能系统相关技术的研究主要在感性设计、参数化设计、智能设计方面。

最早提出的智能设计系统统称为感性工学计算机系统KES（Kansei Engineering Computer System），KES可以将消费者的感性需求进行量化，同时将量化的数据进行存储和转化，让设计师能够在进行设计工作时有所参考，快速地把握消费者的感性诉求[94]。张悟非则提出了利用形态分析法（Morphological Analysis）将产品特征参数化并建立知识库，设计者可以调整参数达到所需形态，并且给予相对应的评估，减少设计者建构与评估时间。萧世文等学者则运用Neural Network、Semantic Transformation或Gray Theory在计算机辅助设计上，让计算机学习并运算产品特征与心理感知之间的关系，且不需要建立庞大的数据库。

Stiny最早应用形态文法的规则在建筑设计中进行产品创新设计[95]。Heisserman用形态文法来设计特别风格的咖啡壶[96]。Cagan把功能类别作为参数扩充了形态文法，驱动构造产品形态[97]。Wallace建立了一个专家系统，可以自动生成类似长方体的产品形状布局，产生符合审美、工程设计和品牌识别需求的产品外观[98]。该系统无须重复制定产品规则，可以不断产生不同组合方案。不过通过设定的经验规则所组合的模型太过模式化而不能更好地衍生出更多创新产品。

关于计算机辅助形态设计的研究在技术理念方面取得很多优秀成果，各个系统和设计插件都有各自的优点，然而目前的造型软件大多从事产品三维模型设计以及效果图展示，对产品形态风格、产品工程设计仍主要依靠设计师经验来完成。

国内外研究大多关注技术实现方法，而对于软件使用主体的设计师的行为和设计过程的研究较少，此外设计师对于轮毂产品工程设计阶段经验不足，从而影响后续的产品开发，所以轮毂智能化设计系统应该更多地关注设计与工程两个阶段的具体任务，既为设计师提供形态多样的设计，又能辅以工程修正，贯穿于设计与生产的全过程。

为了让设计者在设计的构想阶段有所辅助，运用计算机辅助设计架构成智能系统，探讨其可行性与造型衍生结果，如图5-16所示。造型衍生系统目的为刺激设计者产生更多想法，用户可透过操作进行深度造型优化，并且通过链接知识库、样本库、工艺经验库之间关系，来进行造型与工艺上的双重验证。

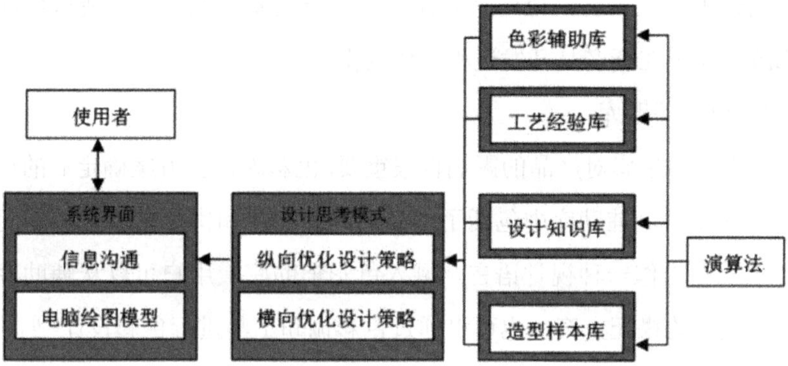

图5-16 系统架构

设计程序主要是以模仿设计行为的特性而来，一般的设计行为可大概分为三大步骤：初期广泛收集构想来源的“发散”阶段，中期尝试将诸多构想片段重新组合其关系，以呈现产品新面貌的“转换”阶段，以及到后期再将此新组合作评估筛选的“收敛”阶段，以技术美学规律整合设计行为，提出具有产品造型样本库、设计知识库及工艺经验库三大模块的智能化轮毂设计系统，各模块说明如下：

（1）产品造型样本库

由前文所述轮毂美学规律及感性工学方法分解产品为独立元素，汇集所有与设计产品相关的模型数据，该造型样本库可提供给设计师造型参考样式，方便快速产生方案。

（2）设计知识库

“产品造型样本库”中的样本如何被选用、编辑，取决于设计知识库对设计需求、限制、目标的理解，借由设计知识库的行为规则，仿真设计思考的行为，对设计师所选用零件，提供对应的信息来辅助设计师作判断。

（3）工艺经验库

将加工工艺收集整理，融入前文所述的工程验证知识，然后通过分析，总结在工程领域下，产品形态受约束的部位，再通过工程师修改经验进行形态修正，构建出加工工艺约束库，方便设计师通过系统提示进行造型可优化区域的修改，亦可在新产品开发过程中作为指导方法。

（4）色彩辅助库

产品设计中色彩对产品的影响也很重要，色彩库仅在方案确定后的色彩搭配上起辅助作用，辅助库中包括了产品的经典配色和优化推荐色。利用色彩法则，把色彩当作一种视觉语言，融入色彩辅助库。用户可以从辅助库中找出心中所期望的搭配方案，也可以通过色彩调和工具进行色彩设计[99]。

（5）设计思考模式

设计思考模式也是一种设计评估，此模块是为了模拟设计师在设计过程中的思维路径。设计师在处理一款产品时，往往需要平衡产品与消费者、工程技术、产品营销等因素的关系。因此设计思考的宽度与深度是建立在一定约束条件下的，以往设计师对形态的局部或者整体优化都是凭借经验驱动的，存在不确定性，如果由计算机自动校对设计方案，并进一步提供优化方案，将大大提升设计效率。所以设计思维模式的融入，能够帮助设计师通过设计的纵向（深入优化）和横向思考（横向裂变）模式进行设计的发散与深化，系统通过思考模型给设计师推送相应的设计构想方案供设计师进行选择。

（6）系统界面

系统与用户沟通的媒介，包括电脑绘图与设计咨询两种信息。

通过对设计过程和用户需求的了解，我们可以建立起智能设计系统的整体交互框架，如图5-17所示。

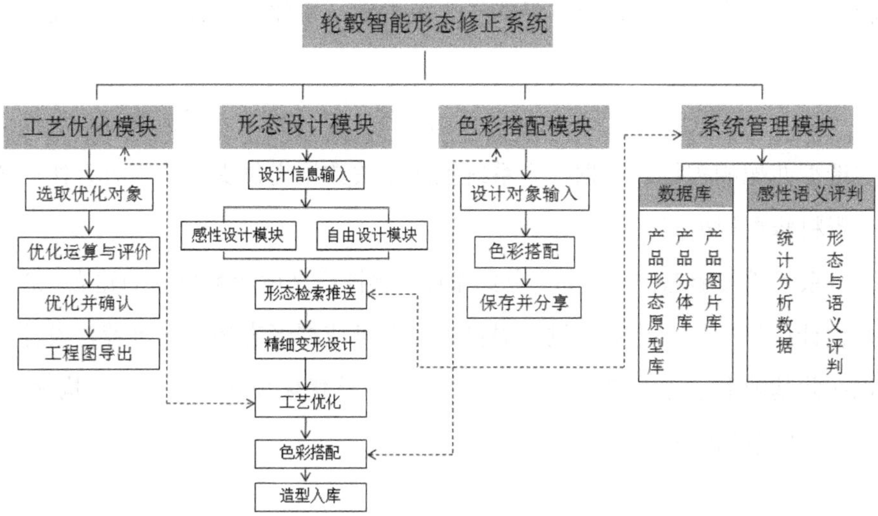

图5-17 智能设计系统交互设计架构

由框架图能够很清楚地看到该系统共分为四个主要模块：形态设计、工艺优化模块、色彩搭配模块、系统管理模块。各功能模块分别完成相应设计任务：

（1）形态设计模块主要以轮毂形态变形为主，是以轮毂形态资料、语义资料、工艺资料、色彩搭配为基础，依据输入的设计信息，提供纵向的设计程序，然后借助系统数据库配置技术，为设计师提供横向的变形引导，从而完成轮毂初步概念的形态设计。如果对局部造型不满意，可以点击模型进入精细变形系统对话框，通过一系列精细设计后完成轮毂的最终造型，紧接着通过工艺库进行形态修正，为后续加工提供匹配保障，最后为最终的轮毂造型进行颜色搭配和效果图绘制。

（2）工艺优化模块主要是对产生的轮毂方案进行修正，其中包括一键修正以及单项修正，在工艺优化过程中系统提示设计师需要优化的造型位置和可优化区域，设计人员可通过调节棒进行细致调节，以达到造型优化的目的，同时能导出CAD工程图纸方便后续加工。

（3）色彩搭配模块主要是对优化后的造型进行色彩材质方案的搭配，可对轮毂各部件进行颜色选择，最终导出效果图，方便后续设计评估以及客户确认。

（4）系统管理模块包括轮毂的原始模型、分体模型、模型图库、感性语义与造型匹配相关统计数据，为系统推送相关数据提供支持，同时方便后续数据资料修整和扩充。

该系统通过形态样本库、工艺约束库、感性语义库等数据库的建立，通过前期设计信息的输入给设计过程提供大量的可依据形态参考和推荐，设计师可以在此基础上进行更精细的设计，并通过工艺优化模块进行工程结构优化，为后续开发节约时间。

结　　语

本书将技术美学思想应用于轮毂的设计和研发过程是机械产品设计方法创新的一个尝试。通过对铝合金轮毂设计的技术美学基础及其应用研究，有助于构建起设计师与消费者、工程师之间的桥梁，为轮毂造型设计提供美学及工程保障。

本书以造型美学和构成学理论为基础，从理论上研究了构成学的形式美法则映射轮毂造型形式的美学特征规律。类比生物基因工程规律，以世界知名轮毂品牌Breyton和Forgiato“造型基因”的遗传与变异为案例，提出“V形记忆曲线”概念并建立了V形记忆曲线运算方法。利用该方法可以实现轮毂造型方案衍生设计。

运用感性工学方法，结合视觉美学实验及工程可靠性测试，辅助设计师产出既符合消费者审美认知，又符合工程验证测试的轮毂产品。

书中最后进一步研究了轮毂技术美学的应用前景，结合智能制造的趋势，提出基于拓扑优化的轮毂轻量化设计，以及基于技术美学规律的轮毂智能设计系统，为后续的应用研究提供了有力的保障。

参 考 文 献

[1] Jenna Bilotta．How designers and engineers can play nice[EB/OL]．http：//www．gv．com/lib/how-designers-and-engineers-can-play-nice-and-still-run-with-scissors．

[2] 迈克尔 E 麦格拉思．培思的力量：产品及周期优化法在产品开发中的应用[M]．徐智群，朱战备，等译．上海：上海科学技术出版社，2004：25-27．

[3] 查尔斯•辛格，E J 霍姆亚德，A R 霍尔．技术史（第一卷）[M/OL]//王前，孙希忠，等译．上海：上海科技教育出版社，2004（2004-12-01）[2014-02-07]．http：//scitech．people．com．cn/GB/49173/49180/49210/3676061．html．

[4] 朱利民．时尚的铝合金轮毂[J]．现代零部件，2007（7）：96-98．

[5] 姜超，陈林，黄国杰．汽车轮毂材料的发展现状及制备工艺[J]．金属热处理，2007，32（12）：35-41．

[6] 张总，张怀亮．汽车铝合金轮毂生产工艺研究[J]．新技术新工艺，2008（10）：74-76．

[7] 朱利民．内置空气铝合金轮毂的设计与制造技术[J]．新技术新工艺，2007（1）：65-66．

[8] 罗仕鉴，朱上上．用户和设计师的产品造型感知意象[J]．机械工程学报，2005，41（10）：28-34．
[9] 曹晖．视觉形式美学接受论[J]．西北大学学报（哲学社会科学版），2010，40（1）：30-33．
[10] 张宁宁，孟昭宇．产品设计的形态审美特征[J]．美术大观，2012（1）：111．
[11] 昝瑛瑛．产品设计简约之美[J]．大众文艺，2011（4）：47．
[12] 孔祥言．高等渗流力学[M]．安徽：中国科技大学出版社，2010：11．
[13] 熊应军．产品造型中的“图—底”关系[J]．艺术教育，2006（1）：108-109．
[14] 张博颖．技术美学研究现状及发展趋势[J]．天津社会科学，1994（6）：63-66．
[15] 曹天慧．艺术与技术的新统一[J]．艺术研究，2006（1）：38-39．
[16] 吴维，张洪．包豪斯对现代设计教育的现实意义[J]．美术大观，2011（6）：176．
[17] 李泽厚．中国美学史[M]．北京：中国社会科学出版社，1984．
[18] 张法．美学导论[M]．北京：中国人民大学出版社，1999．
[19] 卡里特．走向表现主义的美学[M]．北京：光明日报出版社，1990．
[20] 张道一．中国美学站起来[J]．东南大学学报（社会科学版），1999，1（1）：91-93．
[21] 朱立元．走向多元化的21世纪中国美学[J]．文学前沿，2000（1）：199-203．
[22] 李景华，丁艳娇．设计美学观—设计要有内涵[J]．艺术与设计（理论），2008（3）：20-23．
[23] 王鑫．现代设计美学探析[J]．艺术与设计（理论），2008（5）：14-16．
[24] 康永平，刘宇．设计美学与现代设计的关系及影响[J]．美术大观，2010（3）：126．
[25] 孙利．汽车轮毂造型设计方法分析[J]．装饰，2007（5）：102-112．

[26] 孙利．汽车轮毂造型本土化设计方法[J]．包装工程，2008，29（12）：201-203．

[27] 宇文嘉．整车研发中的轮毂造型设计创新方法[C]．第四届全国车轮和轮毂制造技术国际研讨会论文集，2011：16-20．

[28] 纪丁允．汽车轮圈的动态与静态图像之感性认知研究[D]．新北：台湾艺术大学，2007：77-97．

[29] 满懿．平面构成[M]．沈阳：辽宁美术出版社，2003．

[30] 哈罗德•奥斯本．20 世纪艺术中的抽象和技巧[M]．阎嘉，黄欢，译．成都：四川美术出版社，1988：162-170．

[31] 庞蕾．塔特林与构成主义[J]．南京艺术学院学报（美术与设计版），2008（1）：36-39．

[32] 毕晓．浅谈平面构成的形态要素—点、线、面[J]．美术大观，2012（5）：143．

[33] 宋玉凤，贾乐斌．工业设计专业平面构成教学探讨——从基本形到产品外观造型加减法[J]．艺术与设计（理论），2008（7）：97-99．

[34] 陈华锋．平面构成与现代设计[J]．艺术设计，2012（3）：130．

[35] 李广武，刘艳．平面构成设计探索[J]．科技信息（学术版），2006（10）：56．

[36] 唐剑莹．浅谈自然物象在平面构成中的运用[J]．文学界（理论版），2010（11）：292．

[37] 王雪，文增．从平面构成到应用设计[M]．沈阳：辽宁美术出版社，2010．

[38] 刘冬影．浅谈平面构成与形式美法则[J]．才智，2011（23）：213-214．

[39] 中国国际贸促会．世界经济或将走出 4 条不同曲线——中国经济是 V 形[EB/OL]．（2009-02-12）[2014-04-07]．http：//www．ccpitjs．org/Article/ShowInfo．asp?ID=10528．

[40] 俞良钢．长曲线 V 形瘦脸技术[P]．国际发明专利技术，国际知识产权局

专利号：101249014A．

[41] 刘元吉．大盘趋势一看就懂[M]．北京：人民邮电出版社，2010：14．

[42] 维基百科．遗忘曲线[EB/OL]．（2013-10-28）[2014-04-07]．http：//zh．wikipedia．org/zh-cn/遗忘曲线．

[43] 谭勇．品牌传播长期有效性探析——基于艾宾浩斯遗忘曲线和品牌核心价值[J]．企业经济，2008（6）：35-37．

[44] 于洪，李转运．基于遗忘曲线的协同过滤推荐算法[J]．南京大学学报（自然科学版），2010，46（5）：520-527．

[45] 黄琦，孙守迁．产品风格计算研究进展[J]．计算机辅助设计与图形学学报，2006（11）：1629-1636．

[46] 纪丁允．汽车轮圈的动态与静态图像之感性认知研究[D]．新北：台湾艺术大学，2007：77-97．

[47] 胡雪冈．意象范畴的流变[M]．南昌：百花洲文艺出版社，2002：97-101．

[48] 汪裕雄．审美意象学[M]．北京：人民出版社，2013：77-89．

[49] 罗仕鉴，潘云鹤．产品设计中的感性意象理论、技术与应用研究进展[J]．机械工程学报，2007，43（3）：8-13．

[50] 苏建宁，李鹤岐，李奋强．产品设计中的感性意象定位研究[J]．兰州理工大学学报，2004，30（2）：40-43．

[51] 王凯．产品造型风格意象认知的研究[D]．杭州：浙江大学，2004．

[52] 朱海兵．基于感性工学的汽车造型研究[D]．哈尔滨：哈尔滨工程大学，2012：34-37．

[53] 韩煜东，刘伟．联合分析法研究综述与展望[J]．管理现代化，2011（6）：29-31．

[54] Wang Gao．Estimating Conjoint Analysis Using Random Coefficients Mode（in Chinese）[J]. The Journal of Quantitative & Technical Economics，2005，22（7）：96-107．

[55] Karandikar H M，Fuchs W．Fatigue life prediction for wheels by simulation of the rotating bending test[S]．SAE-900147，1990．

[56] 牟猷芳，候经纵．全国汽车车轮台架试验标准手册[R]．天津车轮实验中心，1995：144-151．

[57] 史艳国．铝合金轮毂虚拟制造关键技术研究[D]．秦皇岛：燕山大学，2007：10-14．

[58] 张国智．轿车铝合金轮毂台架试验的有限元数值模拟[D]．秦皇岛：燕山大学，2005：35-45．

[59] Chang Chia-Lung，Yang Shao-Huei．Simulation of wheel impact test using finite element method[J]．Engineering Failure Analysis，2009，16（5）：1711-1719．

[60] 韦东来，崔振山．铝合金车轮径向疲劳试验的数值仿真[J]．机械强度，2008，30（6）：998-1002．

[61] 臧孟炎，秦滔．铝合金车轮13°冲击试验仿真分析[J]．机械工程学报，2010，46（2）：83-87．

[62] 张博颖．技术美学研究现状及发展趋势[J]．天津社会科学，1994（6）：63-66．

[63] 研究美欧工业战略[EB/OL]．中国经济网．http：//intl．ce．cn/specials/zxgjzh．

[64] 未来制造业的美德英三种模式与四大趋势[EB/OL]．车云网．http：//news．mydrivers．com．

[65] “工业 4.0”着眼“德国制造”未来[EB/OL]．参考消息网．http：//finance．cankaoxiaoxi．com．

[66] 吴俭涛．基于象元的形态设计方法及其应用研究[D]．秦皇岛：燕山大学，2016．

[67] 胡颂韩．整体式驱动车桥的轻量化设计与试验研究[D]．长沙：湖南大学，

2012.

[68] 邓雅琼. 铝合金油罐半挂车的有限元分析和结构优化设计[D]. 天津：河北工业大学，2011.

[69] Miloslav Riesner，Richard I Devries. Finite element analysis and structural optimization of vehicle wheels[C]. SAE Transactions. USA：Society of Automotive Engineers of USA，1983：1-16.

[70] Akbulut H . An optimization of a car rim using finite element method[J]. Finite elements in analysis and design，2003，39（5）：433-443.

[71] Jahed H，Farshi B，Shraghi M A. A numerical optimization technique for design of wheel profiles[J]. Wear，2008，264（1）：1-10.

[72] 齐铁力，王立辉. 汽车车轮的强度分析及优化设计[J]. 河北工业大学学报，2002，31（5）：95-98.

[73] 张总. JN-ZL350 铝合金轮毂轻量化研究[D]. 长沙：中南大学，2011.

[74] 陆洋. 汽车轮毂有限元分析及优化[D]. 柳州：广西科技大学，2015：1-2.

[75] 曲文君. 基于 ANSYS 的低压铸造铝合金轮毂的优化设计[J]. 制造业自动化，2009，31（9）：199-200.

[76] 王慧芳，龙思远，等. 铝合金轮毂的有限元分析及结构优化[J]. 特种铸造及有色合金，2015，35（1）：30-32.

[77] 王明明. 铝合金汽车轮毂结构设计及优化[D]. 长春：吉林大学，2011：43-44.

[78] 任晓辉. 连续体结构拓扑优化方法研究[D]. 西安：长安大学，2007.

[79] G M Michell . The Limits of Economy of Materiala in Frame Structures[J]. Philosophical Magazine，Series 6，1904，8（47）：589-597.

[80] W Dorn，R Gomory，H Greenberg. Automatic Design of Optimal Structures [J]. J. de Mechanique. 1964，3（1）：25-52.

[81] M P Bendsøe，N Kikuchi. Generating Optimal Topologies in Structural Design Using a Homogenization Method[J]. Computer Methods in Applied Mechanics and Engineering. 1988，71（1）：197-224.

[82] K T Cheng，N Olhoff. An Investigation Concerning Optimal Design of Solid Elastic Plates[J]. International Journal of Solids and Structures. 1981（17）：305-323.

[83] Bendose M P，Sigmund O. Material interpolations in topology optimization [J]. Archive of Applied Mechanics，1999（69）：635-665.

[84] 隋允康，杨德庆，王备. 多工况应力和位移约束下连续体结构拓扑优化[J]. 力学学报，2000，32（2）：171-179.

[85] 邓雅琼. 铝合金油罐半挂车的有限元分析和结构优化设计[D]. 天津：河北工业大学，2011.

[86] 蔡新，李洪煊，武颖利，等工程结构优化设计研究进展[J]. 河海大学学报，2011，39（3）：269-276.

[87] 隋允康，叶红玲，刘建信，等. 追究根基的结构拓扑优化方法[J]. 工程力学，2008，25（S2）：7-19.

[88] 宋洪科. 轮毂企业的智能制造管理信息系统构建研究[D]. 武汉：湖北工业大学，2018.

[89] 陈永亮. 轮毂智能形态修正系统设计与研究[D]. 秦皇岛：燕山大学，2015.

[90] Hsiao，Huang H C. A neural network based approach for product form design[J]. Design Studies，2002（23）：67-84.

[91] Umeda Masaki，Yoshiki Shimomura，Tetsuo Tomiyama. Supporting conceptual design based on the function-behavior-state model[J]. AIEDAM，1996（10）：275-288.

[92] Prabbakar，GoelAK，Functional modeling for enabling adaptive design of devices for new environments[J]，Artificial Intelligence in Engineering，

1998，12（4）：417-444.

[93] 吴通，陆长德．基于编码的产品形态组合创新系统开发研究[C]//第四届中日机械技术史及机械设计国际学术会议论文集：314-318.

[94] 邢艳芳．应用感性工学理论实施产品造型设计方法的研究[J]．广西轻工业，2011（9）：64-66.

[95] Stiny G．Introduction to Shape and Shape Grammars[J]．Environment and Planning B7，1980：343-351.

[96] Heisserman，Woodbury R．Geometrie Design with Boundary Solid Grammar [J]．Transactions B：Computer Application Technology，1994（18）：85-100.

[97] Cagan J，Argawal M．A Blend of Different Tastes：the Languages of Coffeemakers[J]．Environment and Planning B：Planning and Design，1998（25）：205-226.

[98] Wallace D R，Jakiela M J．Automated product concept design：unifying aesthetics and engineering[J]．IEEE Computer Graphics and Applications，1993，13（4）：66-75.

[99] 初建杰，余隋怀，王聪，等．基于概念色彩方案库的自顶向下色彩设计模式[J]．计算机工程与应用，2008（5）：112-114.

后　　记

作者自2001年始进行轮毂造型设计理论和实践专题研究，依托“燕山大学汽车轮毂定制设计研究团队”，以汽车轮毂造型设计、个性化定制设计、轮形/车型匹配研究与APP实现为主要研究方向开展相关方面的教学和科研。

十余年来，团队成员承担工业设计、产品设计专业本科生“专题设计Ⅱ”课程教学，积累了2000余个轮毂造型和轮形与车型匹配优秀案例；团队教师撰写个人博士学位论文2篇，硕士学位论文1篇；发表中文核心、EI等高水平论文11篇；主持省级和校级教学研究项目2项；主持相关纵向科研课题7项（其中国家自然基金面上项目1项、河北省社科基金2项、燕山大学博士基金2项、秦皇岛市科学技术研究项目2项），主持相关横向科研项目2项；指导与轮毂设计相关的硕士研究生撰写学位论文14篇；指导学生和个人参加轮毂设计大赛获奖和获得轮毂外观专利多项。

本合著的成功撰写与出版，得益于闾起豪、曹宝、艾雯等团队成员多年来的共同专注研究，在此一并表示深深的谢意。